111个儿童哲学思考练习

高振宇——译丛主编

〔法〕伊莎贝尔·米隆　〔法〕奥斯卡·柏尼菲——著　杨落娃——译

广西师范大学出版社
·桂林·

东西方对话视野下的儿童哲学

文/《儿童哲学经典译丛》主编　高振宇

儿童哲学诞生于20世纪60年代末的美国，这种诞生从表面上看是马修·李普曼（Matthew Lipman）、安妮·夏普（Ann M. Sharp）等人对当时学校教育体制进行自觉反思的结果，但从更深层次的角度来说，它是儿童学（Paedology 或 Child Studies）作为一个综合性的研究领域进入发展新纪元的必然趋势。19世纪末20世纪上半叶，儿童学已经在欧、美、亚等地区经历了初步发展，在推动当时各国的新教育改革及改善整个社会的儿童处境方面，发挥了至关重要的作用。动荡的世界局势（如两次世界大战阻断了儿童学研究成果在各国之间的交流与反思）及儿童学内部的困境（如"科学主义崇拜"、学科壁垒森严和在实践领域的不适当应用等），导致儿童学本身在多数国家陷入销声匿迹（甚至被全面禁止）的境地。然而到了战后的五六十年代，世界形势已渐趋稳定，各国学术交流得以恢复，全社会对儿童的意识和关注不断增强，在此背景下，儿童学再次进入学术圈的历史舞台，并开始向"社会·文化"的研究范式转型，从而发展出新童年社会学、儿童史学、儿童经济学等一系列新兴的学术研究方向。因此，儿童哲学不仅是一门应用于幼儿园及中小学课堂的哲学课程，更是从哲学的角度对儿童、童年及相关问题所进行的深入研究；不仅是哲学学科门类中与科学哲学、生态哲学、女性主义哲学等并列的分支领域（2018年的世界哲学大会再度确认了儿童哲学作为一个分支领域的地位），也是儿童学学科体系中不可缺少及意义重大的分支领域（哲学分析具有历史学分析、社会学分析等不具备的独特优势）。

从20世纪七八十年代开始，儿童哲学不仅在美国本土扎下脚根，而且也开始影响美洲其他国家甚至欧洲、亚洲、大洋洲和非洲等地区，这与李普曼等人在蒙特克莱尔大学建立的"儿童哲学促进协会"（即IAPC）有密切关系，后者一直致力于推动儿童哲学的国际化。现如今，儿童哲学在全球多数国家和地区都已建立了不同层级的学术组织或实践共同体，如国际儿童哲学委员会（ICPIC）、澳大利亚学校哲学协会联盟（FAPSA）、韩国儿童哲学教学研究所（KITPFC）、拉丁美洲儿童哲学中心（CELAFIN）、亚太儿童与青少年哲学协会（PCYNAP）、英国教育哲学探究和反思促进协会（SAPERE）等。儿童哲学研究者与实践者（我们可统称其为“儿童哲学人”）之间的交流活动也日趋频繁并常态化，如 ICPIC 每两年举办一次会议，是全球最大规模的儿童哲学会议，目前即将举行第 20 届会议；FAPSA 经常举办两类双年会会议，一类是澳大利亚学校哲学双年会，另一类是战略规划与发展会议；IAPC 的暑期研讨班仍在持续进行，每年都会有来自全球各地的学者聚在一起讨论和实践儿童哲学的教学法等。“儿童哲学人”还会在关于教育研究、哲学研究、儿童学研究和一些实践工作的会议上开展对话，如在 2018 年举行的世界哲学大会上，来自世界不同国家的儿童哲学人便开展了十余场专题报告和圆桌论坛。

儿童哲学在中国也已走过了三十多年的历程，且从最早期开始，中国的儿童哲学便具有鲜明的国际化风格。如在 1989 年时就有关于李普曼的文章（即《儿童哲学与批判性思维》）刊登在中国本土的期刊上，1992 年加雷斯 · 马修斯的《哲学与幼童》(陈国容翻译）率先由生活 · 读书 · 新知三联书店出版，1993 年海波特大学的邓鹏博士以《儿童哲学来中国了》为题在 IAPC 的官方期刊 *Thinking* 上发表了第一篇介绍中国儿童哲学的论文。至 1997 年，IAPC 的全套教材（包括学生用书和教师手册，以及《教室里的哲学》这本理论用书）共 13 本均由山西教育出版社翻译并出版，从而为儿童哲学的本土化研究与实践做好了充分准备。就实践交流而言，20 世纪 90 年代中期，在宋庆龄基金会的支持和美国克瑞顿大学哲学教授袁劲梅博士的协调下，美国夏威夷大学的汤姆斯 · 杰克逊教授（Thomas Jackson）及其同事进入中国北京、焦作、广州、南京、上海、武汉、淄博等地开设数场实践工作坊。当时焦作市的教师还亲往夏威夷大学进行了为期一周的浸润式培训，回国后在本地区开展了大量实践，从而使焦作市成为最早开始儿童哲学本土化探索的区域，后来在儿童哲学教学法的启示下构建了自己的实践模式。2019 年我们组织园长、校长赴夏威夷大学研修时，杰克逊教授亲自播放了那段保存完好的历史录像，展现了当时交流活动的现场。此后在 1999—2000 年的上海和昆明，又有一批儿童哲学的国际专家（如劳伦斯 · 斯宾列特、沃特 · 可汗、大卫 · 肯尼迪等）前来交流，通过国际会议、教学示范与指导、现场讨论等方式，直接推动了云南南站小学和上海六一小学的校本化实践。

不过比较遗憾的是，自儿童哲学的本土化进程（即从2002年到2016年这段时期）开始启动的十多年时间里，中国的儿童哲学并没有保持早期活跃的国际化风格，而是进入一段相对沉寂、各自独立摸索的状态，因此这段时期虽然整体学术产量仍在缓慢增长之中，但是理论与实践的深度明显不足（多数文章仍只是停留在介绍李普曼和马修斯的儿童哲学模式、强化儿童哲学的意义与价值等层面上），这很大程度是由于缺少对国际同行及前沿的深入了解所致。及至最近几年，伴随中国本土儿童哲学研究机构的建立及有关高校（如东北师范大学、杭州师范大学、浙江大学、厦门大学等）、其他机构（如21世纪教育研究院、心阳教育集团等）的联合推动，儿童哲学的国际化交流才逐渐回归到20世纪末的热度，不仅主动邀请来自更多国家的儿童哲学专家至中国分享研究经验和展示教学实践（以举办国际会议、国际工作坊、出版国际儿童哲学作品等方式），且重新走出国门参与到国际对话之中（如参与ICPIC双年会及其他学术会议、组织教师开展海外研修活动等）。从此，中国的儿童哲学开始更全面地融入世界儿童哲学版图之中，跨文化、跨国界的交流逐渐成为国内学人开展儿童哲学研究的重要方式。

伴随这股国际化的风潮，引入更多国际学者与实践者的儿童哲学作品成为当务之急。在已有的儿童哲学研究领域中，最为常见的便是李普曼等人早期被翻译进来的作品（但已经比较陈旧且从未在国内再版过）以及马修斯的“儿童哲学三部曲”，此外还有少量来自英国儿童哲学学者费舍尔（Robert Fisher）和沃利（Peter Worley）等人的作品，真正能够为中国本土儿童哲学理论研究与教学实践做出贡献的作品仍然非常缺乏。反观美国、澳大利亚、欧洲乃至韩国的儿童哲学研究历程，我们发现他们不仅大量引进其他国家的儿童哲学研究作品（可以查阅金海英博士的文章《韩国：儿童哲学促进“儿童的再发现”》等），而且本土化的儿童哲学研究成果也极为丰富，这就为我们中国儿童哲学的发展树立了榜样并指明了可能的方向。因此从2017年开始，儿童哲学研究中心的重点任务之一，便是主动联系各国代表性的儿童哲学学者及机构，引进并出版其最前沿的学术作品，从而为中国本土的儿童哲学研究奠定深厚的基础。同时，我们也兼顾那些来自实践领域、具有较强的可操作性又有一定理论基础的作品，以便为中国儿童哲学实践工作者们提供方法论上的点拨与启示。只有这两者结合起来，才能有助于中国儿童哲学特色模式的形成与发展，也才能与国际同行进行真正平等的、建设性的对话与交流。

那么，在东西方对话的视野下，未来中国儿童哲学的研究任务及发展方向到底是什么呢？我们应将儿童哲学视为一个在“儿童学”大框架下的、相对独立的研究领域，既充分发挥哲学自身的优势，也积极汲取教育学、文学、社会学等其他儿童学研究领域的理论与方法，对儿童的哲学提问、哲学思考、哲学思想及其发展进行广泛探索，以此获得深刻理解，对各类儿童与童年的议题进行哲学化分析，最终为建立更加系统全面的儿童学理论体系及为促进儿童整体福利的发展贡献一份独特的力量。因此，在借鉴国际儿童哲学理论与实践经验的基础上，中国儿童哲学未来发展应聚焦在以下三大方面：

第一，理解儿童的哲学观念。既然儿童是天生的哲学家，那么他们到底在生活与学习的哪些方面体现出了哲学家的风范呢？作为哲学家的儿童与作为哲学家的成人有何相似与不同？不同年龄阶段儿童在提出哲学问题、展现哲学思维、发展哲学观念方面到底具有怎样的差异性特点？有没有可能总结出某种发展阶段论？不同历史时期、不同地域、不同民族及文化的儿童是否在哲学上有相似或差异化的表现？对这些议题的研究是进一步确立儿童哲学理论与实践体系（无论是中国还是世界）的基础，且不能仅仅依靠于经验式的案例积累，而要在吸收认知神经科学、儿童心理学等最新研究成果的基础上开展更多实证性的研究。

第二，挖掘本土的哲学智慧。儿童哲学虽由美国引进，但本土化的探索一直是中国儿童哲学发展的主旋律。然而这种本土化的探索不能只是在方法论上的散点式创新，若要真正形成中国特色的模式及对世界儿童哲学的发展做出实质性的贡献，完全有必要积极吸收中国哲学的智慧传统（尤其是儒家和道家的传统），挖掘这种传统中的相关理论精华，才能构建出具有中国风格的儿童哲学理论流派。东西方之间的对话，不仅需要我们持续学习西方的理论视角及经验来打开思路，也需要向国外同仁输出我们自己的理解与经验去做出贡献，和他们一道建立和发展儿童哲学的话语体系。

第三，探究应用的实践策略。经过半个世纪的发展，儿童哲学在国际范围内已发展出多样化的实践模式与应用技巧，不仅适用于学校和幼儿园环境中的独立哲学课程及学科融合课程，且适用于其他教育情境下（如家庭、社区、博物馆、美术馆、夏令营等）的哲学活动。目前国内的儿童哲学研究也在逐渐走向学科融合或领域融合，并从学校和幼儿园逐渐走向其他公共教育空间。本译丛的出版，借鉴了国际同行们总结出来的重要经验，有助于推动儿童哲学在中国整个社会的普及，从而真正实现从“哲学即课程”到“哲学即文化”的转变。

总之，只有全中国的教育者和全世界的教育者联合起来，共同捍卫儿童哲学探究的权利，理解儿童精彩的哲学观念，探究实践应用的具体策略，才能真正守护好儿童的精神家园，整个社会才会更有希望。

2020 年 7 月 18 日写于杭州思乐斋

前言

文/奥斯卡·伯尼菲(Oscar Brenifier)

整理翻译/刘　琼

亲爱的中国读者们：

哲思课堂对话是一项集体探究活动，包括以小组形式共同讨论给定的主题，以假设的形式提出问题和答案，通过提出一些适当的问题来启发或改变想法，比较不同的答案以便推断出这些不同答案和假设背后的隐藏含义。

作为学生，需要重点发展的能力有以下几点：能够深化议题，提出不同的想法；能够清晰准确地表达想法；能够提出额外的问题并给出回答；能够倾听他人；能够进行批判性思考，从而辨识出想法之间是否存在逻辑或概念的关联；最后，能够综述或分析思考的结果。

如何创造鼓励思考和对话的课堂氛围和教学程序呢？从“度、听、化、维、论、知”六大要素入手，有助于哲思课堂对话的开展。

度：提倡有益于思考的态度。

克服对错误的恐惧或无能为力的感觉

一个提问就是一项挑战，它意味着冒险，因此我们不应该以确定性作为前提条件来提供答案。即使对老师来说，可能有时候自己的头脑中并没有明确的答案，这也只是思考过程中的片刻，思想会在适当时候开花结果，当然也可能无果。因此放弃对确定答案的依赖，克服对错误的恐惧以及无能为力的感受，将任何答案都视为一种纯粹的思考过程中的假设。

对他人及其想法感兴趣

我们应该对他人提出的任何想法都保持关注，即使有些想法是新颖的，甚至是奇怪的，我们也不要在未审视这些想法之前，就贸然丢弃它们。

另外，尊重想法的最佳形式不是无条件地接受它们，而是与该想法进行批判性的对话。

觉察情绪

当我们必须在公开场合发言时，当我们对所听到的内容感到困扰时，当我们必须等待轮到自己说话时……我们要成为我们自己情绪和反应的观察者。意识到情绪本身其实就是在调节情绪。

合作

对话不是吵架，也不是用来确定谁是最聪明的人的争论。对话是针对某个给定问题进行的集体探究活动。为了实现集体探究活动，引导者可以使用某些规则以确保集体探究工作的进行。某些引导功能可以轮流委派给班里的某些学生。例如，负责检查给出的答案是否回答了问题，或者回答是否正确；或者负责确定一个披着反对意见外衣的答案，是否确实地反对了其所针对的想法；抑或是，负责总结大家的阶段性思考。

听：学会倾听。

轮流有序发言

只要有人在发言，其他参与者就要保持安静。每位发言者都是在对整个小组讲话 ，而不只是在对老师讲话，因为在场的所有人共同构成了一个集体探究的空间。

举手发言

举手发言是为了能够确保发言的流畅性，并保证每个人都有表达的机会，从而避免由少部分人独占发言机会，让“害羞”和“缓慢”的声音也能够被听见。课堂的一个重要原则是优先考虑那些尚未发言的人，以确保每个人的参与，尤其是那些因为各种困难参与度较低的学习者。

当有人发言时，其他人不应该举手。否则，学生的思绪会忙于思考自己等下要说什么，而不是聆听发言者的发言。当一段发言结束后，老师会接着提出对其他学生思考该问题的具体要求，以构建有序的讨论，避免学生仅仅是对先前发言的内容进行直觉的“反应”，偏离核心议题。

清晰简洁

当听到一段冗长或令人费解的发言时，老师会要求发言者进行综合和澄清的工作。这项任务对发言者来说是很有帮助的。大家能更好地理解他所说的话，而其他人则可以接收到清晰的想法，以便在该想法的基础上进行反思与建构。如果发言者本人无法完成这项任务，老师可以邀请其他能够做到的学生协助完成该项任务。

重组想法

透过重组想法，帮助大家更好地理解所提出的内容，确保每个人都能被所有参与者理解。老师会要求听众说出他们所理解的内容，以检查信息传递是否有效，并在必要时要求发言者进行澄清。

通常，学生对于自己不喜欢或不同意的想法会做出很生动的反应，以至于他实际上并没有真正听懂。当老师发现这种激动情绪的反应时，可以明确地要求这位学生重新复述他想批评的想法。这样做能使学生重新思考，他是听懂了，还是只是在做出直觉的反应。

提出论证

证明想法的合理性应该是一项系统性的实践。建议学生使用以下表述："我不同意约瑟说的 ……因为……"或者"我同意约瑟说的……因为……"这样做可以确保发言者提供支持自己想法的新理由。

对内容没有预期

老师和小组成员应该对任何回答内容保持开放态度，否则他们会因为太想听到自己想要听的答案，而无法真正听到别人所说的话。如果发言内容偏离主题，那么发言者应该被提醒修改其发言的内容。

化：促进新想法的创造和想法的差异化。

征求不同的想法

当小组已经提出了许多想法时，老师应该询问是否有人可以提出新的假设。老师要指出重复的想法，并及时跟小组核实刚刚提出的想法是新想法，还是之前已经提出过的想法。

促进新想法的产生

邀请学生互相提问。提问诞生于惊奇、不理解和批判性思考。老师可以在一开始展示如何提问，但老师不应是唯一提出问题的人。

重新调整对话的方向

想法的产生必须是有相关性的，并且聚焦在主题上。如果对话开始变得随意或进入漫谈，就必须重新聚焦。为了确保这一点，可以询问是否有人能总结一下到此为止有待处理的最关键的要点。如果不同的发言之间很不连贯，或者对话仅是不同意见的列举，那么就需要小组设法在不同想法之间建立可能的关系，辨识出模式，并确定它们是一致的还是矛盾的。

维：促进批判性思维的发展。

提供理由

答案不仅是表达个人的观点或立场，还应系统地包含一些可以提供支持的论点。这有助于让那些影响并决定我们生活思想的僵化信念以及隐藏着的前提变得可见，并能够得到分析。

问题化的习惯

任何想法都可能受到质疑，并受到严格的审视和批判。应该提出有替代性的“竞争性”假设，这是我们验证某个想法是否可靠的方式。

区分立场和论点

了解立场和论点的差异，对于评估一个回答是很有帮助的。对于封闭问题，回答者需要提出明确的立场，例如“是或否”“同意或不同意”。其次，回答者应该设想一个论点，使其为自己选择的立场提供支持。

在一个开放问题中，答案将从一个假设开始。该假设作为答案的一个立场，然后围绕这个立场，回答者须提出能够支持该立场的有效想法、论点或例子，以此来证明立场的有效性。

通过两难困境思考

现实中常常出现不同的价值观和目标之间相互矛盾的情况。因此， 我们需要辨识出能产生合理决策的不同原因。当面对两难困境时，我们要测试我们的反思能力和耐心，以便妥善处理有争议的议题。

区分内部批判与外部批判

内部批判是对答案本身与最初的问题之间的批判，涉及答案的相关性、清晰度和连贯性。

外部批判则是评判一个给定想法的基础假设，从不同或相反的角度提出新假设，在一个不同的价值体系中，锚定不同思考范式下建立的新想法。

论：得出实际的结论。

共识

讨论过程中，一旦大家就某一想法产生了意见分歧，并且小组内无法达成一致决定时，我们就可以通过投票，由多数票来确定该争议议题的结论。一般来说，完全地达成共识的可能性是非常微小的。

最好的假设

只要我们没有遇到更好的答案假设，我们就必须接受其他人提出的答案假设，除非我们可以证明这个答案是完全没有道理的。

语言的意义

为了避免无意义的语义辩论，我们应该接受说话者的措辞和语言以及他赋予语言的意义。其他人可以提出替代的概念，但说话者将保留其发言的最终决定权。要允许想法的真实性和清晰性取代语言的清晰性。

综述

以综述主要议题的方式来结束对话，一般来说是很有帮助的。这项任务可以交给某些特定的学生完成，但也可以作为每个参与者的练习内容，最终形成他的个人结论。

知：提高学生的自我认知。

- 结束时进行全局的评估工作。
- 综合整理出现的想法和议题。
- 得出有关讨论的一般性结论。
- 评估讨论发生的过程。
- 判断讨论过程是否有问题以及问题是否已被解决。
- 与所学到的东西建立联系。例如，列出所学到的内容在日常生活或学习中的具体应用。(以上任务最好能以书面形式呈现。)

这是一本实用的哲学思考练习手册，包含了很多哲学概念和实用练习，旨在锻炼多种不同的哲学思辨能力，包括正反论证、分析、解释、问题化、概念化等。练习按照哲学概念的难易程度划分了级别，并根据所需调用的哲思技能的性质做出了分类。这些练习的适用场景和范围很广，成人和儿童都适用，既可以小组集体探究，也可以独自练习。本书的导言部分提供了一些引导练习的原则和方法，并为国内的教育工作者们，尤其是想要将思考和对话的教学引导方法引入课堂的老师们，专门增加了哲思课堂对话简要指南。更多关于儿童哲学以及成人哲学思辨的书籍可以在 www.brenifier.com 网站上找到。

感谢杭州师范大学儿童哲学研究中心的大力支持，使得这本哲学练习册能够在中国出版。感谢参与本书中文审校的老师：刘琼、谢玥彤、彭凡颖、高振宇、韦彩云。感谢法国应用哲学院团队持续支持教育者们更好地将儿童哲学思辨引入课堂和对话中。哲学，是自由的学校。

目 录

（二）进阶练习

（三）高阶练习

一

践行儿童哲学的关键

我们认为，践行儿童哲学最关键的问题并不是孩子从几岁开始哲学探索，而是对“哲学教育”的重新定义。只有重新定义“哲学教育”，年幼的儿童进行哲学探索才有可能性和必要性。一旦问题的关键在于对“哲学教育”本质的再思考，儿童哲学就不再是哲学教育中的特例，而是重新定义“哲学教育”时必须考虑的标准之一。以上是本文作者所持的明确观点，它与世界各地众多教育工作者所持有的观点不谋而合，详情请参见我们曾参与编写的2007年联合国教科文组织（UNESCO）报告《哲学，自由的学校》。

本章内容作为导入部分，聚焦于“儿童哲学”这种新型教学形式中的四大核心内容，旨在为“传统”教学模式的转变提供可能的思路。首先，我们呈现了建构主义的理论框架；其次，关注了“助产术”式的教学过程；第三，阐述了哲学练习的概念；第四，聚焦于活动过程的难点。

（一）建构主义理论

建构主义是一种思维方式，也是一种教学实践模式，建构主义对来自各种文化（包括笔者所在的拉丁文化）的人来说都有点难以琢磨。总之，这是一个来自哲学和教育学的理论，它的基本理念是：我们在个人描述、个人特征、社会和文化的基础上，建立和建构着我们的知识。这些描述不仅决定了我们的世界观，而且决定了建构我们世界观的核心——概念图式。而传统哲学则认为，我们的知识，例如科学或历史，就是对客观现实的正确反映。二者的观点形成鲜明的对比：建构主义认为知识是建构和创造出来的，而传统哲学则认为知识已经存在，只是等待着我们去发现。当然，对于建构主义来说，这并不意味着所有类型的知识都是等价的，因为对于知识的严格检验也是知识学习过程的一部分。因此，建构主义无意于否认客观性。但我们认为，并不是说基于客观存在，我们就能获得客观的、先验的、确定的知识；必须经由尝试、经验、达成共识、接受或然性，才能获得知识的客观性。

这给教育带来了显著的改变：教育从仅仅关注如何传递信息和文化，到逐步重视每个学生理解世界运行规律的能力。与传统意义上的教育方法不同，这种教育方法以学生为中心，注重因材施教以及能力的培养。目前，该方法面临的挑战是将教育过程中关注的重心从对知识本身的关注，转移到对学生的活动、个人特长，个体存在方式以及集体存在的方式上，但也不会完全忽视知识本身。这种教学方法允许学生建构自己的思维模式，重新探索知识的“伟大奥秘”，而不是像过去那样死板地学习已经存在的东西。每个学生都可以根据自己的特质来“重构现实”。

正如上文中提到的关于知识的一般性问题，建构主义并不否认知识的客观性，大部分的知识，尤其是学生所学习的知识，总是可以通过定性或定量的方法来检验。这种想法不是一种简单粗暴的相对主义，而是对检验方式本身的反思。正因如此，在数学的运算中，最大的乐趣来源于过程而非结果。毕竟仅仅根据结果进行评价、对正确的结果进行奖励，这样的方式相对而言比较单一；而从已经整合起来的元素中阐明现实的重建机制和对过程进行分析与评估，则艰难和严苛得多。在这个理念中，理解成了一个连续的重构与概念化的过程，每种学科都在不断地重塑自身。为了维持这一过程，教师有必要对学生的具体认知过程与班级整体的认知过程保持浓厚兴趣。因此，在这样的学习过程中，伴随“重塑”而来的负面效果就是学生可能缺乏严谨性。

虽然建构主义在教师培训机构中作为一个相对官方的“学说”已存在多年，但是它在法国文化中落地的过程仍然无比艰辛、困难重重。以下用几个例子来阐释这种困难产生的原因。一方面，因为我们总是先入为主地评判某一事物的“对”或“错”，而这一习惯已经扎根在了我们的文化中，其产生的后果是“沉重的错误”。另一方面，通过认识论的方法，我们将周遭事物明确地划分为客观或主观事物。继而，因为我们对事物的普遍秩序有着明确的概念，导致我们严格遵守着“不得背叛无情的法律”这一观念，即所谓的“王法无情”①。比如，几乎每个教室的墙上都贴有类似于“生活守则”的规则。由此，我们通过各种“不可违背”的观念来实现普遍性。法国传统中所信奉的“反教权主义”②就是一个典型例子。

另外，还存在着一个巨大的障碍，这个障碍注定了法国教育的结构和功能无法动摇，那就是“一揽子教学大纲”这一沉重的概念。为什么这么说呢？某种程度上，教师必须按照制定好的大纲完成全年的教学任务，并没有时间去践行柏拉图所提出的、需长期开展的“助产术”。助产术，即通过体现了“问答艺术”的提问，引导学生学会创造、学会自主判断，达到重建自己思维模式的目的。有一个例子可以很好地说明“大纲”给教育带来的阻碍：“动手操作”这一科学项目推出后，只在法国为数不多的几所小学试行，且最后都以失败告终。最后还有一个障碍：我们不习惯处理教育实践中的主体性和自主性问题，比如鼓励孩子们进行小组讨论或相互学习。值得欣慰的是，每个班的状况更多地取决于教师的个性和才能，而不是国家的政策或社会文化体系。

毫无疑问，思及此处，我们开始质疑我们现有的，或是那些根植于我们民族文化中的价值观和方法论，然而我们只是想搞清这些价值观与方法论是如何给我们现有的教育带来负面影响的。因此，我们在本书中提供了众多实例来让读者进

---

① 译者注：“王法无情”（Dura lex sed lex），拉丁语原意为“法律是严酷的，但法律就是法律”。

② 译者注：“反教权主义”（Laicism）意思为不受教会控制和影响的政治及社会制度（与“教权主义”Clericalism 相对应）。

行对话和练习。正如本书所阐释的那样，我们认为哲学文化不仅可以作为文化元素进行传播，而且当我们遇到两难困境时，它可以帮助我们通过清晰地陈述问题、界定概念、做出判断和评估来看清问题所在，并找到我们自己的答案。每个人的生活都会遇到两难困境，但正是有了遭遇两难困境的经历，人们才能逐步适应共同生活的要求，每个个体才能应对通过彰显自己的价值而阐明自己存在的挑战。当然，我们也会经常借用各种各样有用的经典理论、衡量标准和分类标准，以帮助我们在盘根错节的思考丛林中找到正确的方向。但是，这些思想史上的瑰宝也不会被奉为真理——它们是我们可以使用的工具，但并非学习本身的终点。

（二）哲学思考练习与哲学研讨会

哲学思考练习的形式既可以是书面的，也可以是口头的，还可以是二者结合的规范辩论。在教师的指导下，学生的多种能力都能在过程中同时得到锻炼。

但在这里我们比较推荐另一种练习方式：专注于特定能力的练习。对于缺乏哲学知识、不熟悉课堂辩论或缺乏哲学践行经验的教师来说，这种方式更简单，可操作性也更强。同时，这种方式也能深化、问题化和概念化各种思维活动，同时这一过程更容易被学生所觉知。因此，每一项练习都会集中于一个特定的认知能力，并且为了使学生能更好地练习，还会清楚地指出练习的是哪一项认知能力。哲学研讨会不是随意表达观点的地方。我们都有自己喜欢重复强调的观念，却没意识到在不知不觉中我们已将这些观念根植于我们的头脑，并将其视为我们评判是非对错的标准。进行哲学思考就是更认真地思考这些观念，以便批判地审视它们。在哲学研讨会这一活动中，我们提出和理解观念，并在论证和分析中深化、在提问和反对中质疑观点、在提出和辨别概念中澄清这些观念。这并不是一个交流观点或审查知识的过程，而是在落实想法、检视观点的缺陷和局限，从而有意识地、缜密地发展和深化我们的认识。

1. 哲学研讨会的功能

在日常生活中，我们要注意避免以下两种常见的恐惧：对浪费时间的恐惧和对犯错的恐惧，后者是黑格尔首先谴责的。而为哲学研讨会花费一整段时间是非常值得的。如果在练习时出现了必须解决的问题，也不应该根据教师的判断、陈述来解决——虽然可能在其他场合可以这样做，但我们主张让学生在实践中自己去探索解决。哲学研讨会难以一蹴而就，这是一个缓慢的、需要付出耐心的过程，所以有必要多花些时间。这让学生有机会当场解决问题或纠正错误，而不至于错过及时处理的时机。如果教师想陈述自己的观点，那么他必须等到课程快结束或者下次研讨会开始才可以这么做。除非是出现了一个需要立刻澄清的问题，但同时也必须小心谨慎地分析和评价。

2. 哲学研讨会的起步阶段

本书中介绍的一些练习在规则和结构上可能非常具有挑战性。因此教师可以先从一项练习的其中一个角度入手，并随着课程的深入逐步提高练习的复杂程度。

在哲学研讨的过程中不断试误、遇到困难或失败都是不可避免的，特别是对那些从未在课堂上组织过讨论的教师来说 。在这样的关头，大家必须跳出沮丧情绪，勇于实现突破。为了让研讨会能更加顺利地展开，我们建议每次活动之前先做些“热身练习”，并对第一部分的活动做出指导，或对部分内容进行集中讨论。

为了让全班同学都能参与哲学研讨会，最佳的座位安排是大家围着主持人坐成一个半圆。这样的安排可以避免私下交流，而且让每个人都能看到彼此的脸，既方便说话者面向全体说话，也方便大家倾听。这种形式有助于激发参与研讨的每位学生积极地进行思考与交流。一旦学生的主动性被激发，研讨也可以按照小组的形式开展，每个小组都可以安排自己的主持人，甚至是秘书，而教师就在各个小组之间来回走动，以跟进和检查小组研讨的进展和成效。如果可能的话，邀请其他教师一起合作也是很有效的办法：两位教师之间不但能交流意见、沟通技巧，还能增加一个外部的、批判性的视角，这有助于研讨会的推进。

最后，还有很重要的一点：每一位教师都要结合自己的需求、个性，并针对不同班级的特点来组织研讨会。有的教师可能更喜欢话题的准备和研讨会结束后的整理工作，而非主持研讨会；有的教师可能更喜欢固定的、熟悉的模式，而非多样化的模式；有的教师可能更喜欢正式的、人员流动性少的课堂，而有的教师则可能正好相反。无论怎样，教师都应该进行多元化尝试，以生成最优化的方案，满足不同班级的需要。

（三）教师的角色

儿童哲学思考练习与课堂哲学研讨会的首要原则都是：教师只是过程中的主导而并不是主体。也就是说，教师的角色是引导学生自己展开讨论，并非代替他们开展讨论。此外，对话也不应该在教师和学生之间展开，否则这就相当于是一个问答式的、传授知识的常规课程。在这种情况下，教师作为课堂中的智叟、课堂上知识最渊博的人，他捍卫着知识的权威，就势必掌握着最终的话语权。这样的教学方法确实很有效，但它并不是我们在这里所描述的哲学探讨。尽管两种教学方法有相似之处，但核心的内容却不尽相同。正如我们之前提到的，柏拉图反对这种教师传授知识、学生学习的“短效方法”。相反，他赞同的是见效相对较慢，却能通过不断提问来激发学生思考的“长效方法”，即“助产术”。

在这方面，这种方法不同于亚里士多德的“白板说”[①]。“白板说”基于连通器的原理，认为知识是从多的一方向少的一方灌输的。 而我们则认为，课堂对话意味着学生之间相互辩论，严格地审视自己和对方想法背后的假设。此时，教师的角色类似于裁判员、主持人，而这种角色定位也许会让人疑惑，甚至对传统教师来说有些匪夷所思。不管如何定位教师的角色，他都必须谨言慎行，让学生们自行发挥，自己得出和检验最终结论，而不是任意地干涉学生的讨论、纠正他们的观点。哲学思考练习就像是以集体的方式完成作业或考试，每个学生都要投入其中。教师可以评价学生的结论，但这种评价应该是形成性的，而不是规范性的，也没必要评出等级。我们不能低估裁判或主持人的作用：事实上，他的作用非常微妙且至关重要。为了确保学生研讨的效果，教师的职责主要包括以下两点：在形式上，制定并推行课堂规则；在内容上，强调重点并理清讨论的层次。如果这场研讨会进展顺利的话，那么学生就会意识到对他们来说真正的挑战其实是如何不偏离这些“游戏规则”。

---

① 译者注：亚里士多德的“白板说”，“白板”拉丁文是“Tabula Rasa”，原指一种洁白无瑕的状态。亚里士多德认为，人们最初的心灵像一块没有任何记号和任何观念的白板，一切观念和记号都来自于后天的经验。

1. 研讨会的形式

教师需要制定合理的游戏规则，并且确保每个人都遵守。首先，要设定基本的礼仪规则。这些礼仪规则通常是人们默认应当遵守的，但在日常生活中，尤其是学校里，却不一定受到足够的重视。比如，在讨论过程中不要侮辱或随意批评同伴，不要在其他同学发言的时候插话，别人讲话的时候要认真倾听，在必要的时候能够补充说明，等等。其次，教师要反复重申讨论中具体的规则，在必要的时候对规则进行阐释、重新界定，或者根据需要进行修改。

每一次活动都要有相应的规则和流程，教师可以口头宣读，也可以写在黑板上。如果在讨论刚开始的时候（特别是前几次讨论中）就花太多时间介绍这些规则，学生容易困惑、难以内化。相反，如果能随着练习的展开，在过程中形成和阐述规则，那样效果会更好。在讨论的过程中所有人都必须遵守这些规则，这不仅仅是出于形式上或伦理上的考虑，也是为了使哲学练习有成效、有意义。强调规则很重要，因为很多学生视规则为一种外在随意强加给他们的东西，是不必要的、惹人厌烦的，学生有时会不理解规则，因此教师要花工夫引导学生理解规则存在的意义。否则，学生会用自己的方式来表达他们多么厌烦规则，比如他们会抱怨说："老师你不让我们发言！"尽管事实上，他们只有在你的课上才有机会热烈地讨论一整节课。

这里的难点在于，教师必须引导每个人都提出假设，并负责检视所提出假设的缺点和局限性；引导他们认真倾听与思考同伴的观点，而非不分青红皂白地针锋相对；引导他们不断分析遇到的问题，而不是立刻摆明立场和相互攻击。正如笛卡尔所说："不要急于做出判断。"所有以上的要求都是建立在自由、自主且没有压迫的基础之上。但事实上，对被质疑和犯错误的恐惧，会让一场讨论充满焦虑与担忧，而使学生难以真正地进行思考并倾听他人。

黑格尔认为，一个整体是由许多个部分组成，一个过程由无数个"时刻"组成。一方面，我们要控制好每次哲学思考练习的时长：中小学是 1~2 个小时，幼儿园是 20~40 分钟。另一方面，也要把握好节奏，如何时开始讨论某一要点，何时又应讨论下一个要点。我们必须在过程中不断评估当下的讨论是否适宜：当下的讨论有没有提供进一步讨论的可能性或者给学生带来一些新的认识？特别是当学生遇到困难的时候，他所关注的是什么？虽然并不是每个学生都会遇到此类问题，但我们绝不能就因此对单个学生所遇到的困难视而不见：哲学研讨会的效果应该体现在每个人身上。

在讨论的过程中，每一个人的观点和困惑都是重要的，都是必须被认真对待的。那么在个体遇到困难的时候我们有必要“暂停”讨论吗？答案是肯定的，虽然这可能会造成讨论的不连贯，但却是很有必要的。

2. 突出的问题

教师一般会指出本次研讨会的主题，鼓励学生围绕主题组织和完善自己的观点，并引导学生关注新出现的问题。这是为了防止讨论陷入被动、冲动和混乱之中，失去连贯性，从而导致学生也失去继续讨论的兴趣。所有的参与者要去发掘清晰且内容丰富的论点、关键的问题，并将它们以口头、书面或二者相结合的形式呈现出来。这样做一方面能及时跟进讨论的进程，另一方面也可追踪整个班级思考的路径。讨论中可以使用黑板，不仅能在上面列出主要的想法，还能回顾本次讨论中的要点，总览本次讨论的内容。另外，教师也必须定期让学生阐述每次讨论内容之间的联系，以确保下一次的讨论总是在上一次讨论的基础上前进与发展的。

当教师在听学生陈述的时候，如果察觉到其中的某个点非常有价值，那么他可以通过提问的方式来让这个问题或想法更加清楚明晰。当然，教师也可以请其他参与者对此提问或分析。在任何情况下，教师都切忌自行“总结”尚未讨论清楚的内容。如果教师受到学生求助来总结或阐释学生的发言，那他也只能尽可能复述学生的话语。强调以上的要点非常有必要，因为大家平时都会自觉或者不自觉地在替别人总结的过程中加入自己的理解。“所以，你的意思是说……”对教师来说是一个危险的表达，因为这句话意味着一个权威将自己的观点强加给学生了。

3. 放权

在经历了长期的研讨练习之后，教师可以试着请一个或几个学生取代他的“主持人”身份，这将帮助他们更好地理解议题以及“主持人”这一身份的职责。教师必须始终铭记，讨论的目的是邀请学生尽可能地展开彼此间的语言训练。一旦学生开始主持辩论，他们不可避免地会陷入犹疑之中：他们想模仿教师，但因为缺乏教师那样的经验和能力而难以成功。因此，他们会在一定程度上（甚至很大程度上）改变教师之前所示范的做法，以掩盖自己的缺点，或者降低任务的难度。重申一遍，必须给予学生自主权，必须让学生自己解决自己的困难，特别是当班上的其他人在旁边指手画脚提建议的时候。不过，在讨论结束的时候大家可以有机会进行评价。

4. 评价练习

评价一个集体活动是相当有难度的，而且活动种类的多样性势必会让问题更加复杂。但我们认为，对研讨会的评价本身是非常有价值的。有人会认为，研讨会只是一次热身训练，是一种重复性的或者预备性的练习，所以不需要对研讨会进行评估而只需要对课程进行评价就可以了。问题是，研讨会到底是课程还是练习：事实上，因为学生和教师都参与其中了，所以它既是课程也是练习。

评价也是哲学思考练习过程的一部分，教师可以预留下课前的几分钟安排学生进行口头短评，或是让学生在课后写日记或心得评话。如果教师自身也必须对研讨会进行评价，那么他必须非常清楚研讨会所希望达成的目标。

评价的最终目的是什么？是为了论证、质疑、重组、概念化，还是表达观点，说服别人？以上都很重要，却不是关键，不管教师还是整个班级的评价，其关键都是对评价主要依据的阐释。这种评价作为一种分析工具，对于观察或记录研讨过程中出现的难点也将大有裨益。我们不要忘记哲学思考练习的关键原则是训练学生做出准确的判断，从而提升自我表现。而这种评价有助于客观地看待自己，进行批判性分析，从而摆脱不加思索就脱口而出的习惯。在这一部分的最后，我们将提供一些具体的评价标准。

（四）践行难点

根据多年来在儿童哲学师资培训方面的实践经验，我们认真观察和总结了哲学践行中可能会遇到的障碍和难点。造成障碍的一般是以下两个因素：一是知识层面的原因，二是主观层面的原因。在知识方面，苏格拉底已经通过智者的形象界定了知识权威。对于这些知识权威来说，知识就是力量，是他们建立起自身认知、社会地位、个人形象与个人价值的基础。甚至可以说，对他们来说，知识就是一种财富，知识带来的是确定性、身份和认可度等。但苏格拉底则质疑知识的崇高地位，当智者进行着冗长而复杂的演讲，反复论述所谓的有深度的知识和真理时，“牛虻”却问着简单的问题，提出一个个简单明晰的观点，这些观点逻辑严密、论证清晰，挑战着旧式的思维与存在。面对这些自命不凡的虚伪智者，苏格拉底用最直接、最不加掩饰的方式来应对。在苏格拉底看来，重要的并不是知识，而是与知识的关系：永远热爱知识，同时也永远怀疑知识。

教师的知识是经过多年的努力获得的。为了成为教师，他经历了许多考验，因此教师不愿如此轻易地放弃自己作为教师的权利和保护，这也是情理之中的事。教师实施“助产术”则意味着需要承认自己的无知，这对教师来说并不容易。这意味着他需要以一种自己很难达到的、承认自己无知的状态，努力让自己和学生处于同样的位置，并参与到密切的交流中。在这方面，尼采认为有两种方法可以帮助教师避免内心的矛盾与冲突。第一种当然是教师以讲座的形式授课，其实就是一种独白，教师传授和捍卫知识。当学生发言时，教师要么同意其观点，要么试图说服学生承认自己的观点是错误的：教师拥有知识的权威与评价的权利。教师总是下结论的人，或者至少认为自己有最终决定权。然而正如康德所谴责的那样，大多教师都没有意识到对于自己的观点，自己教条主义到了什么程度：一个人只需要旁听一会儿哲学教授们之间的对话，就能知道他们随时准备着捍卫自己的立场，指责对方的观点。他们之间的关系总是受到情感支配，在惺惺相惜与愤怒指责之间摇摆不定。尼采提出的第二个避免教师内心矛盾的方法，就是放松、自由地交流意见，这在践行儿童哲学的人身上是比较普遍的。在我们看来，教师也从儿童那里得到灵魂的滋养，虽然很多教师不会承认这一点。教师非常珍视儿童的话语，甚至会非常浪漫地认为儿童所“感知”到的是丰富的、自然的和真实的。除了一些简单的礼仪上的要求之外，教师不会对学生提认知上的要求，教师更关注的是主体间的、存在的关系维度。研讨中最重要的是对话与分享，这对他们来说正是“哲学”本质的体现。这样的哲学思考很难有教育性，因为教师并没有告诉儿童在何时或者如何更好地来表达和比较观点，所以讨论很快会陷入僵局而毫无进展，可能很多践行儿童哲学的教师都碰到过类似的情况。正因如此，如果我们看到“演讲型”教师和“融入型”教师之间很难相互理解和对话，总像看陌生人一样看着对方时，也就不用惊讶了。而且有些教师还会根据当时的环境和对象，在这两种类型之间切换风格，就好像这是教师的两个不同侧面一样。

苏格拉底方法经常遭到各种哲学家和哲学教师们的批评，认为该方法缺乏可操作性。在一次非常著名的公开辩论上，有一位声名狼藉的法国哲学家在批判了“助产术”之后，宣称“学习语法和拼写的孩子，他们的成绩和表现要比所谓学习哲学思考的孩子更好”。然而事实是，如果学生写作的思路混沌，缺乏逻辑性和说服力，那么我们就敢肯定，儿童需要接受思维训练。但学生仅凭聆听名师的教诲，或与伙伴自由讨论，很难找到自身思维中的盲点和局限。而恰恰是“助产术”慢慢成为帮助他们做出判断和表达想法的有力工具。同时，它也有助于实现情感态度方面的基本目标，比如耐心与好奇，同理心与真实性，承认自己的无知并积极面对。

二

如何践行儿童哲学思考练习

（一）儿童哲学思考练习的三个核心目标

儿童哲学思考练习共有三个不同层面的核心目标。

1. 独立思考：知性层面

提出假设；
创造、识别、定义和使用概念；
构建、表达、澄清和调整想法；
理解自己和他人的想法；
对这些想法进行分析；
理清例子与想法之间的关联；
论证自己的想法；
启发逻辑思维能力：说明概念之间的联系，注重思维的连贯性与合理性；
做出判断；
正视别人的想法；
找到和表达问题，进行批判性思考。

2. 成为自己：存在层面

通过自己的选择和判断来表明和彰显个人的身份；
意识到自己的存在：意识到自己的思想和行为；
质疑自己，发现并认识到自身的错误和前后不一致之处；
发现、接受、说出并克服自身的局限；
客观看待自己的行动原则、观点和价值观。

3. 身处集体中并在集体中思考：社交层面

倾听、尊重和理解他人，给他人支持并保持对他人观点的兴趣；
尝试融入集体：接受集体中他人的质疑；
不以自我为中心，多替他人思考，了解他人的心态；

替人着想而不是总想打败他；

正视他人的存在。

（二）哲学践行的思维能力与哲学态度

1. 哲学践行的思维能力

哲学践行基于三个核心能力：深化、问题化和概念化。我们将在每项能力的定义之后举一个运用了这项能力的例子。

深化

深化的意思是通过多种方式来界定所述内容的含义。

论证是指提出一个或多个命题、事实或观点，以证明最初论点的正确性。其关键不在于运用修辞手法来证明我们是“对”的，而在于更好地理解提出最初论点的原因、缘起和意义。——“你为什么这样说？”

说明的作用是澄清模棱两可或让人困惑的论点。——“这是什么意思？”

分析是将一个论点拆解成多个部分，以更好地理解论点的意思。——“这个观点是怎么形成的？”“这个观点包含了哪些内容？”

综合即将一系列的陈述归纳成一个中心论点，以此来总结并阐明话语的主旨或目的。——“简单地说，你的意思是什么？”

例子是通过列举或描述一个具体的事物或情形，从而将一个抽象的想法具体化。——“你有关于这个的例子吗？”

解释即以一种整体的，甚至是略带主观的方式，用不同的话语陈述同一个论点，以阐释它的意思。——“这个观点是什么意思？”

识别揭示隐藏在观点中的关键问题——“这个观点背后的含义是什么?”

问题化

通过提出反对意见或指出问题，以暴露最初论点存在的局限、缺陷或不完善之处，以达到消除、修改或丰富该论点的目的。问题化也被称作批判性思维。问题化这一能力背后的假设是，任何一个观点，不管它是什么的，在某种程度上都多多少少存在问题。因此，每一个观点都只能被视为一种假设，有可能或很有可能是真理，但绝非必然或绝对真理。——“你有反对意见或问题吗？”“你认为这个论点中存在什么问题？”

概念化

学会识别、提出、使用或定义某些概念的能力是很重要的，这些能力帮助我们阐明论点，提出新的主张，澄清或解决问题。概念是事物本质的表征。概念化的目的主要是通过区分、归类的方式来抓住要旨，在该概念的核心意义上运用该术语。——“关键词是什么？”“这个对象或特征的本质是什么？”“这个词的意思是什么？”“这两个词之间的区别是什么？”

在学习初期，教师可能会觉得以上三个能力的培养过程有些浪费时间，却又不得不这样做。但是如果真的花时间慢慢培养了这些能力，当学生逐渐养成这些聪明的习惯，这些“浪费了的时间”将会彰显其重要的意义：孩子的思维会更活跃，会更专注地倾听同伴和教师，同时还对所学的课程记忆更深刻。

2. 哲学践行的态度

我们在这里所讨论的哲学践行的态度是认知和存在主义层面的。讨论者对于哲学的态度是可以被他人感知的，这有别于我们平时所说的道德层面的态度，尽管两者有相通之处。我们需要处理好这两者的关系，这有利于练习的展开。

准备和热身

首先平静身心，舒缓情绪，平息心灵中的喧嚣，摆脱急于表达的冲动。教师必须把控和平衡好练习中讲授、书面练习或者口头讨论的节奏，这样才能让学生意识到自己的职责，行动更加审慎。

承认“无知”

这意味着引入一些不确定性，从强调由教师向学生的知识传递，转而关注思维过程、假设的形成过程。这意味着我们将在一段进行严格的批判性思考的时间里，悬置观点、暂缓判断。为此，教师必须抛弃只有自己能提供“正确答案”的想法，抛弃认为自己是独特、绝对、全能的想法，投入反思之中，与学生一起面对问题，审慎思考。

真实

即使在还未求得教师的许可，我们也应该勇敢地思考、大胆地表达我们的真实想法，抛却顾虑，不要有太多顾虑。我们所想、所说、所做的应该是审慎且前后一致的，我们会为此负责任。教师应珍视所有学生的独特想法，并用所有人都能理解的、口头或书面的形式，来鼓励那些腼腆内向的孩子，让他们不用瞻前顾后，可以遵照自己的内心，大胆地用可以被大家理解的方式清晰表达。同时，教师要避免其他同学集体表现出的反对或嘲讽，因为这种情况可能会影响或破坏学生表达的过程。

同理心/同情心

将自己置于他人境遇之中，设身处地地从外部感知、理解他人的情绪和情感，这是同理心；对他人感情的觉察和共情，这是同情心。我们要培养学生的同情心和同理心，帮助学生去自我中心化，让学生愿意将自己的情绪和情感表露在他人、同学和教师面前，并且能够不带偏见和敌意、充满兴趣地去聆听他人的观点。此处的关键在于强调认知类型的关系，而不是情感关系。认知类型关系是建立在理性基础上的，这就意味着不能凭直觉认可或诋毁他人，而要试着先去理解他人的情感与观点。为此，教师要引导整个班级逐步意识到学生之间存在的矛盾，找出造成争执的原因并解决它们。

直面冲突

培养学生当自己与他人想法有不同时能直面冲突的能力，能进行批判性思考与论证，而非不惜一切代价达成共识或相互妥协。这样做并不意味着不尊重彼此的想法，而是更尊重反思活动本身，因此我们不是相互妥协，而是据理力争。为此，教师要引导学生用批判性思维去与他人交流，不害怕批评他人或被他人批评，这样学生才能像做游戏一样参与其中，而感受不到威胁性。

惊讶

在面对未知、差异或反对意见时，学着接受和认识到自己或他人的惊讶，这样才能意识到问题所在并抓住要点。如果没有了这种惊讶，那么生活中的一切都将一成不变，我们的思维也会慢慢僵化，做事循规蹈矩，脑中只充斥纯粹的主观意见和客观真理。为此，教师必须考虑到观点的多样性，引导学生关注到观点之间的联系动态，从而在此基础上产生新的想法。

信心

相信他人，也相信自己，放下要无时无刻不在捍卫自己形象、观点和人格的执念。如果没有这种信心的话，人们就会因为害怕被揭短或蒙羞，而时刻提防他人，不愿意回答他人的问题，拒绝承认错误或者明显的失误。正是在这种自信的基础上，学生才有可能发挥自主性。为此，教师必须营造出一种让每个人都有信心的氛围：相信自己的错误不会被放大，荒谬也可以一笑而过，同时不管是谁的观点，只要是好的，都可以被集体所欣赏和认可。

（三）如何评价课堂练习效果

如果对练习的评价，不是以传统教育中答案的“对与错”或“好与坏”为评价标准，那么要如何评价学生的表现？这时，我们有必要考查学生对思维能力与概念工具的运用情况。下面列出了可以帮助教师评价学生的一些指标，同时也是在让教师多关注这些方向，引导学生做得更好。

1. 理解指令

教师可以通过检查学生的口头或书面回应，或者让学生复述和阐释之前问过他们的问题，来评估学生是否理解了指令。这种倾听和理解指令的能力是非常重要的，也是哲学思考练习的核心目标。人们理所当然地认为每个学生都应该听懂指令，但事实并非如此。教会学生先确认自己听懂了指令而不是急于行动，并不是在浪费时间，而是非常有必要的。

2. 清晰表达

不论是口头还是书面表达，我们都要提醒学生注意那些表述不清的话语。我们也决不能对此做出“我明白你的意思”的表情或动作，因为这样的宽容和慷慨，只会让学生一直处于“我承认自己无法很好地表达观点”的“无能”状态中。在表达时，观点必须明确，句子必须完整，避免使用无用的开场白、重复的客套话或口头禅，例如“我不知道，但……”“我不确定，但……”“对我来说……”“的确……”等。如果一个学生的确无法清晰地表达自己的想法，需要在他人的帮助下才能澄清观点，那么教师也不应该自己出马，而是应该请同学们一起来帮助他。

3. 觉知所说

学生必须明确他所做的事、所说的话、将要说的话、所说过的话以及别人所说的话的本质是什么，即通过口头或书面的方式提出自己的问题、观点、疑虑、例子或是解释。这种能力反映了对正在发生的事情的觉知能力，这种能力对学生持续性的认知至关重要。教师可以直接观察学生的表达，也可以请学生做进一步的说明，来评判学生是否有这种觉知能力。

4. 任务完成度

评价学生的另一方法是观察学生是否完成了任务，先不管学生的答案中所反映出来的思考的质量如何。也就是说，观察学生是否愿意遵循各种指令。对于口头练习的评价，需要着重观察他参与讨论的积极性、参与度、精神状态，甚至于他在讨论中是否认真倾听。如果这个学生表现得比较沉默，则观察他的言行与讨论过程的融入度，探讨其沉默的原因。对于书面练习的评价，我们建议用专门的笔记本连续记录，这样持续的记录能让哲学练习更有意义，也更能看到连续的变化情况。因此，评价一方面需要观察学生对练习的投入程度，另一方面要检查学生在完成作业时的认真程度，甚至卷面和是否有错别字都是评价的标准之一。

5. 遵守指令

要学会独立思考和判断，比如：某个答案是直接还是间接地回答了一个问题，或是没有回答；他人提出的问题是真问题还是只是一种反问；他人的异议是真的反对还是在表达自己的观点；这里说的判断能力是分析一种观点是否有价值，是否与主题有关。判断的过程表明个体正在建立真正的思维结构，而不仅仅是单纯地发表意见。

6. 识别肤浅想法

不断提出肤浅的想法、概念或观点是做无用功的一种表现。比如这样一些可能会经常出现的回应："我不愿意""我喜欢它""他叫我这样做的""因为这是被禁止的""因为这样不好""每个人都这样做"，等等。教师需要通过哲学练习教会学生如何识别肤浅的想法，防止学生习惯使用这些"陈词滥调"，以上这些回答都是非常空洞的、没有经过认真思考的、缺乏实质性的内容。例如，对"因为这是被禁止的"这个理由的回应可以是"为什么要禁止呢"或"谁禁止的"。

7. 辨别观点的相同或不同

在哲学思考练习中经常出现的一种现象是想法的重复，有时这种重复是有意识且明确的，因为学生都是按照教材的顺序一个接一个地讨论概念。有时这种重复却是更加微妙、隐秘的。有些学生会通过一种与之前不同的方式重复其他人，甚至自己说过的话，这对整个讨论过程实际上是一种干扰。因此，教师必须评估学生是在草率地重复同样的观点，还是在表达新想法。

三

儿童哲学思考练习

（一）初阶练习

1. 人类与动物

概念：相似—不同—人类—动物

活动指南

同一个行为在不同的情景中、出于不同的意图或者由不同的人来实施，都能表达出不同的含义。为了赋予某一行为我们想要赋予的意义，我们必须考虑方方面面的因素。为了厘清人的行为和动物行为的复杂关系，我们将通过检视我们衡量人类和动物的相似或不同的标准，来进行哲学练习。

学生需要用“对”“错”或是“既对又错”来回答问题，并且解释自己的回答。如果出现了“既对又错”这个回答，学生们必须从正反两方面说明。教师可以进一步问学生是更倾向于认为“对”还是更倾向于认为“错”，以免孩子用“既对又错”这样一个模棱两可的答案来逃避思考。为了得到更准确的解释，我们建议学生在每一种情况下都需要准确地说出用来比较的动物的种类，然后将人与这种动物进行比较。

实操演练

当人和动物在做以下这些行为的时候，两者看起来像吗？

- 进食
- 说话
- 活动
- 行走
- 爬树
- 飞行
- 游戏
- 体验自由
- 工作
- 游泳
- 生活
- 家庭生活
- 社交
- 死去
- 爱
- 思考
- 改变

2. 谁来决定

概念：自愿—非自愿—有意—无意

活动指南

我们每天的行为或多或少是自愿的、有意识的，因此也一定程度上是自由的。因此，对教师来说，请学生列出一些日常生活中常见的行为，并分析这些行为是否出于自愿。当然，大部分时间，我们人类的行为都是同时受到自由意志与所处环境影响的，这意味着我们的行为有时出于自愿，有时是迫不得已。但是我们的思考与分析也都有利于我们做出决定。在本次练习中，教师应提出的关键问题是“你可以有不同的做法吗”和“你是否必须那样做”。

这项活动的重点是，帮助学生理解我们行为是否依赖于我们的自由意志。例如，对于第一个问题的回答可能是：“这是我自己决定的，因为我没有义务生气；但又不是我能决定的，因为我天生就很容易生气。”或者是：“这不是我能决定的，因为是席琳惹我生气的。”尽管学生依然会发现自己处于两难之中，但是将更有助于自己做出决定。

实操演练

- 这是由你决定的吗？
- 我生气了，因为席琳说我是傻子。
- 我去上学。
- 我不记得上了什么课。
- 我梦见了我最喜欢的电影。
- 我和我们班女同学喜欢同一个歌手。
- 我决定在课堂上好好努力。
- 我跟皮特打架了。
- 我在电视上看儿童节目。
- 我踢足球。
- 我坐 18 路车去公园。
- 我想打喷嚏的时候就能打出来。
- 我说话非常快。
- 我不敢在全班面前讲话。
- 我晚饭吃得太多了。
- 我上课时注意力不集中。
- 我吃东西的时候会吧唧嘴。

3. 发明与发现

概念：发明—发现

活动指南

有些词语虽然表面看上去很类似，但有时他们背后隐藏的意思却天差地别。例如，发明和发现之间的区别就很大，主要的区别是形容这一事物是否本来就存在于世界上：如果已经存在，那么我们是一步步“发现”它的；如果这一事物本身不存在，是我们部分地或整体地将它打造出来的，那么则应该用“发明”这个词。这种区别较为复杂，且值得反思。

本次练习的规则是，要在句子里放上合适的动词（“发现”或“发明”），然后解释这样选择的原因。学生可以选择其中一个，也可以认为两个词放在这个句子里都很合适。如果是两个都能选的话，那么需要分析两者在意思上的差别，或判断是否其中一个词比另一个词更合适。可以请学生在练习之前单独解释这两个词，也可以鼓励他们在讨论中阐明异同。

实操演练

“发明”还是“发现”？

- 玛丽____了二加二等于四。
- 克里斯托弗 · 哥伦布____了美洲大陆。
- 梅拉尼____了一个新菜谱。
- 乔瑟夫终于____乔治是善良的。
- 玛丽____这本书很有趣。
- 麦克____了一种方法来解决这个问题。
- 约翰____火星人是绿色的。
- 吕克____了一种新的卡片游戏。
- 米拉____了一个当她独自一人时不会无聊的新玩法。
- 皮特____了圣诞老人的存在。
- 某个人在某天____了地球是圆的。
- 米拉很有创造力，她____了很多新东西。
- 乔瑟夫____了他对玛莲达的爱。
- 朱丽叶____了她到底是谁。
- 马文____了一个解决问题的新办法。

4. 好与坏

概念：好—坏

活动指南

在我们每天的生活中，“好”与“坏”永远在相互斗争。然而，我们有时却很难完全将这两个相互矛盾的词分开。但是这并不影响我们在日常生活中判断某一言行的好坏。

以下列出一些事件，学生需要为每个事件设定不同的情境，以判断事件的好坏与意义。只有先描述情境，学生才能判断这些言行在何种情况下是合理的，在何种情况下是不合理的。而教师可以通过请学生举例，或针对例子提出问题来促进学生思考。比如，如果所有学生都认为“杀生不好”，那可以问他们：“那你们不吃肉吗？”

实操演练

什么情况下是好的，什么情况下是坏的？

- 打架
- 欺骗他人
- 为自己报仇
- 杀生
- 无所事事
- 守口如瓶
- 不遵守规则
- 打孩子
- 偷窃
- 自我保护
- 捉弄别人
- 隐藏自己
- 告诉别人自己的蠢事
- 不轻信他人
- 当第一
- 保持孤独
- 说话
- 倾听

5. 相似与区别

概念：相似—区别

活动指南

比较是思考的一个重要工具，柏拉图称之为同一事物与另一事物的辩证法。例如，人类在某种状态下既像动物又不像动物，既是动物又不是动物。本次练习通过对具有家族相似性的事物进行比较，从不同的角度发现它们的相似与区别，从而检验对事物进行比较的标准，以此来探讨事物之间的相似性。本次练习，学生实际上是在分析所列事物的本质。

将一张纸或一块黑板分成两个部分：一部分用来写两个事物之间的相似之处；另一部分用来写两者的区别。具有家族相似性的一组事物之间的相似与区别是同时存在的，例如品质、性质以及功能等。我们需要从尽可能多的标准出发进行比较，以形成系统性的认识。

实操演练

两者之间的相似之处与区别是什么？

- 人与动物之间
- 书与笔记本之间
- 车与马之间
- 灵感与鹅卵石之间
- 故事与解释之间
- 成人与儿童之间
- 教师与学生之间
- 房子与帐篷之间
- 母鸡与狮子之间
- 主张与命令之间
- 问题与答案之间
- 棍子与橡皮筋之间
- 火箭与飞机之间
- 皮球与气球之间
- 扶手椅与椅子之间

6. 类比 概念：象征—比喻—拟人—形象

活动指南

我们通常认为比喻或拟人是这样的：例如，用某个特定的人或物来代表某一抽象的实体，或用不同的动物来诠释人类的不同特征。通过这些类比，抽象的实体生动具体地呈现在我们面前。本次练习的目的是让人思考动物与它所代表的品质之间的联系。

学生需要将下列每个形容词与一种动物联系起来，并且解释原因。学生有可能选择我们通常会想到的动物，但他们解释自己的说法。这恰恰可以让学生思考语言的局限性与思维定式，也可以让他们意识到世界是他们思考的灵感之源。

实操演练

横线上填什么动物合适？

- 快得像________
- 聪明得像________
- 勇敢得像________
- 高得像________
- 美丽得像________
- 卑鄙得像________
- 蠢笨得像________
- 温柔得像________
- 狡猾得像________
- 孤独得像________
- 强壮得像________
- 可怕得像________
- 丑陋得像________
- 慷慨得像________
- 认真得像________
- 忠诚得像________
- 胆小得像________

7. 人类

概念：相同—区别—人类—功能

活动指南

人们通常用许多不同的标准来区分事物，这些标准或明显或模糊，或重要或细微。因此，有人也会好奇：我们人类的许多特征，比如性别、年龄和职责等，是属于人类的本质特征还只是表面特征，是否会随着人类内部或外部的环境变化而产生相应的变化呢？

在本次练习中，我们将一一比较两种不同类型的人，重点是深化对这两类人之间相同点和不同点的认识，而非停留在表面且明显的特征上。以警察和消防队员为例，有人可能会说两者之间的不同点在于：警察与罪犯斗争，谨防人所引发的邪恶事件；而消防队员则是与大火斗争，防止由物理现象所引发的糟糕结果。他们的共同特点是都服务社会大众，保护私有财产。

实操演练

以下两类人之间的相似之处是什么？区别又是什么？请试着从不同的维度出发找到他们的相似与区别。

- 警察与消防队员
- 穷人与富人
- 盲人与视力正常的人
- 商人与小偷
- 儿童与成人
- 男孩与女孩
- 男人与女人
- 农民与工人
- 学者与园丁
- 已婚男人与未婚男人
- 白人女性与黑人女性
- 牧师与巫师
- 教师与学生
- 银行家与流浪汉
- 士兵与护士
- 国王与总统

8. 独立与依赖

概念：自由—独立—依赖

活动指南

自由与束缚往往交织在一起，因为在当前社会，权利和义务往往紧密相连。在本次练习中，我们首先要了解社会生活中依赖与独立之间的关系。

以下呈现了一些场景，学生至少需要用一个理由说明为什么他认为这个场景中自己是自由的，或是依赖别人的。这里的基本假设是，我们都既独立自主又依赖他人。教师需要确保每个人在分析每种场景时，都能同时从自主与依赖两个角度考量，并请学生设想出两者发生的具体情境。以“服从上级”这一场景为例，某人可能出于尊重上级并想向其学习的目的而主动地服从上级，但也有可能是出于想要取得好成绩或不被惩罚的目的而被动地服从上级。

实操演练

在以下场景中，你觉得自己是自由的还是被束缚的？

- 上学
- 玩
- 做想做的事
- 听家长的话
- 阅读
- 服从上级
- 吃东西
- 娱乐
- 工作
- 练习一项运动
- 思考
- 散步
- 旅行
- 看电视
- 做作业
- 帮助你的家人

9. 偷窃　概念：抢劫—权力—所有权—禁止

活动指南

“偷窃”的意思是拿走属于别人的东西。然而，人与某一物品的关系性质可能是多种多样的。从这一点来看，我们可以质疑别人对某物的所有权。因为，有人会基于此，以各种各样的借口偷窃，并为自己的行为找借口。

学生需要判断下列哪种情况下是最有权把属于别人的东西拿走的，哪种情况下是最没权把别人的东西拿走的，然后从最有权到最没有权进行排序，并论证每个选择。

实操演练

我是否有权拿走属于别人的东西？请将下列情况从最有权到最没权进行排序，并解释你的选择。

- 因为我最强壮。
- 因为它是我的，物主拿给我的。
- 因为无论我做了什么，物主也不会说什么。
- 因为是物主送给我的。
- 因为物主是一个傻瓜。
- 因为物主是我的妹妹。
- 因为它是不好的。
- 因为我已经想要它很久了。
- 因为物主可能根本不会知道。
- 因为我比物主更需要它。
- 因为物主不用它。
- 因为物主应该把它给我。
- 因为物主已经有很多了。
- 因为物主很卑鄙。
- 因为我会还给物主。
- 因为我们必须分享一切。

10. 自我表达

概念：自我—身份—表达

活动指南

我们都在或多或少地试着了解和证明我们是谁。在发现自己的过程中，有大量的参考依据本身并不十分可靠，这是出于我们自身与他人、环境间的复杂关系，也由于我们自身的复杂性。以下列出了一些可以帮助我们认识自我的特征。

这些特征都是成对出现的，因为两者之间具有一定的关联性。在本次练习中，学生需要从成对出现的特征中选择一个自己认为更能证明自己是谁的特征，并进行论证。通过这个方法，学生将分析他们与这些特征之间的关系，即使有些关系有点让人意想不到。

实操演练

以下哪些特征更能准确地证明你是谁：

- 你的姓氏或名字
- 你的家人或朋友
- 你的身体或心灵
- 你的出身或国籍
- 你的衣服或发型
- 你的性别或年龄
- 你的体力或脑力
- 你的知识或能力
- 你的过去或未来
- 你的行为或言论
- 你的娱乐或工作
- 你的梦想或想法
- 你的朋友或敌人
- 你的嘴或眼睛
- 你的想法或个性

11. 服从

概念：服从—义务—选择—判断

活动指南

儿童经常被要求服从。但儿童有时候也会因为感到很为难，从而犹豫要不要服从。 例如，当成人的权威、责任感与儿童渴望自由的本性之间发生冲突的时候。当然，成人需要教儿童学会服从命令并克服自己的本能，但儿童也必须知道应该在适当的情况下反抗“权威”，做出自己的判断。

以下的练习呈现了不同类型的权威，学生需要判断在这种情况下是否必须服从。在练习中，学生需要说出服从与否的原因，并与伙伴对原因进行比较和讨论，从而判断哪些理由是最能接受的。

实操演练

你总是得服从……

- 老师的话
- 父母的话
- 你的冲动
- 你的弟弟
- 你的理性
- 让你听他话的警察
- 陌生人
- 告诉你在红灯亮时不要过马路的陌生人
- 电视主持人的话
- 医生的处方
- 邻居的话
- 请你帮忙的邻居
- 法律
- 道德规则
- 这本练习册的指示
- 你的意志

12. 概念化

概念：统一—多样—概念

活动指南

概念是特定的词或表达式，它通常用一种独特的表达来把握丰富的现实。有些概念是对可感知的经验现实的概括，有些概念则是对关系等抽象现实的概括。概念化，则是用一个概念来概括丰富多样的事物，或是辨别已给出的概念。这一活动有助于学生思考和建立事物与概念之间的联系。

以下的练习中列出了多组词，每一组都由三个词汇组成，且多数都是日常生活中常见的事物。在这里，学生需要用一个概念来进行归纳，可以将它们归纳到同一类别之下，也可以结合在同一现实场景中，关键是要对所归纳出的概念进行检视和比较。必须避免出现以下两种情况：纳入的概念过大或过于片面、具体。以“橙子、柠檬、李子”这组词为例，“水果”是比较合适的概念归纳，而若归纳为“植物”的话则太宽泛，“果酱”则太具体、太小。同时，和我们之前的练习一样，练习的关键在于对答案的论证与相互之间的比较。

实操演练

找出一个最准确的概念来归纳下列每组词。

- 西葫芦　胡萝卜　芹菜
- 西葫芦　胡萝卜　柠檬
- 西葫芦　胡萝卜　排骨
- 西葫芦　胡萝卜　叉子
- 西葫芦　胡萝卜　汽车
- 西葫芦　胡萝卜　出纳员
- 西葫芦　胡萝卜　变色龙
- 西葫芦　胡萝卜　蔬菜
- 西葫芦　胡萝卜　好奇心
- 自由　平等　博爱
- 高度　宽度　长度
- 红色　棕色　橙色
- 好的　坏的　不公平的
- 实用　快速　简单
- 学生　教师　笔记本
- 某件东西　某个玩意儿　某人

13. 争吵

概念：原因—讲理—不讲理

活动指南

我们会因为许多原因与他人辩论或争吵，所使用的理由也多少有道理。正是这些原因和争吵发生的背景，决定了这次争吵是否有意义。我们当然不禁止争吵，甚至鼓励争吵的双方达成一致，但重点还是找到争吵的起因，分析双方各执一词的证据。

一场争吵中充满了各种原因和解释。分析这些原因，有利于帮助我们判断争吵双方是否有道理。本次练习中，学生需要分别选出三个最能接受的和最不能接受的引发争吵的理由，并与伙伴共同进行比较。因为课程时间有限，所以本次练习的重点是对自己的选择进行解释。

实操演练

在下列理由中分别选出三个你最能接受和最不能接受的引发争吵的理由，且论证你的每一个选择。

当争吵是为了……

- 为自己辩护
- 想得到某些东西
- 嫉妒
- 愤怒
- 打扰别人
- 捍卫真理
- 成为正确的
- 因为一个人不喜欢另一个人
- 因为一个人心情不好
- 为了保护朋友
- 因为一个人没有任何理由
- 恐惧
- 焦虑
- 吓唬别人
- 引发一场争斗
- 因为一个人讨厌不公平

14. 动物象征

概念：象征—类比—比喻

活动指南

大自然物产丰富，品类多样。而我们也认为，所有的存在都有其存在的原因与意义，动物也是如此。对于人类来说，动物存在的其中一种意义就在于提供一种象征：为了达到某个赞扬、批评甚至侮辱人的目的，它们经常被当作一种象征来形容人类，即将人类比喻为某种动物。

在本次练习中，学生需要用一个或几个形容词来指出这个动物被用来形容人时所象征的特征、品质，并给出理由。然后，让学生论证现在或某些场景下，自己所给出答案的合理性。

实操演练

如果用下面列出的动物来形容一个人的话，这个动物象征着什么？用一个形容词来形容，并解释你选择的原因。注意不要重复使用同样的形容词。

- 猴子
- 狐狸
- 猪
- 犀牛
- 蜘蛛
- 老鼠
- 羚羊
- 野兔
- 苍蝇
- 大象
- 鸭嘴兽
- 海狸
- 松鼠
- 长颈鹿
- 蚊子
- 蛇
- 鸵鸟
- 麻雀

15. 生命的意义　概念：存在—价值—选择

活动指南

当我们把注意力投向周遭的人，我们有时也会好奇他人的人生目标、人生信条是什么。这可能会促使我们反思：我们的价值观是什么？我们生活的准则或关键的目标又是如何形成的？

在本次练习中，学生需要将下列人生目标按照重要性排序。当然，要一一解释每一个选择有很大难度，所以，学生只需要论证两到三个自己认为最重要和最不重要的选择就可以了。同时，在进行集体讨论前，教师可以请学生以书面的形式写出对同桌所作排序的批判性评价。

实操演练

思考下列可能的人生目标，并将其从最重要到最不重要排序。论证你的前三个和后三个选择。

- 成为冠军
- 出名
- 发财
- 无忧无虑
- 幸福
- 博学
- 有很多孩子
- 被爱
- 去爱
- 做一切想做的事
- 成为最强的人
- 写很多书
- 当电影明星
- 不伤害任何人
- 得到值得拥有的东西
- 公平
- 为美好的事业而奋斗
- 成为国家总统
- 被铭记

16. 行动的原因

概念：理由—行动的原因—动机

活动指南

从我们自己的角度来看，有时某些人的行为是很怪异，甚至是令人震惊、厌恶的。但随着对他们个性与处境的了解，我们又会慢慢理解他们的行为。评价一个人的行为是否合理并不容易：这是个人的决定，如果他没有澄清理由的话，我们很难知晓背后的原因。为了公正地评价，我们至少有必要对评判他人行为的预设和标准有所察觉。

下面的练习中列出了一些行为背后的动机。学生需要判断每个动机是否可以被接受，是否符合事实以及在什么样的情况下这样的选择是正当的。最后，学生之间可以共同讨论各自的选择和理由。

实操演练

请评价以下行为的动机是好还是坏，并给出理由，或说明它在什么情况下是好的，在什么情况下是不好的。

- 我这样做，是因为我想要这样做。
- 我这样做，是因为我已经决定这样做。
- 我这样做，是因为这样很好。
- 我这样做，是因为我的朋友让我这样做。
- 我这样做，是因为法律的规定。
- 我这样做，是因为我母亲让我这样做。
- 我这样做，是因为老师命令我这样做。
- 我这样做，是因为那天是周一。
- 我这样做，是因为我有时间。
- 我这样做，是因为事实如此。
- 我这样做，是因为下雨了。
- 我这样做，是因为我弟弟哭了。
- 我这样做，是因为房子是石头造的。
- 我这样做，是因为米奇是个老鼠。
- 我这样做，是因为玛依瓦是个女孩。
- 我这样做，是因为我想小便。

17. 上学

概念：科目—学习—义务—兴趣—实用—能力

活动指南

学生必须去学校学习数学、英语、地理等科目，但我们通常不会去思考为什么要学习这些科目。

以下列出了一些在学校开展的科目或活动，请分别找出三个应该和不应该在学校开展的理由。学生需要指出每一项活动与个体或集体的关系以及被学校推广的原因。

实操演练

请为以下活动分别找出三个应该和不应该在学校开展的理由。

- 数学
- 写作
- 阅读
- 语文
- 科学
- 外语
- 地理
- 历史
- 体育
- 讨论
- 班会
- 游戏
- 音乐
- 跳舞
- 公民教育
- 图书馆活动
- 绘画
- 排队
- 保持肃静
- 学会服从
- 哲学

18. 通过举例表达感受

概念：情感—感受

活动指南

我们会在说话时表达各种各样的感受，因为我们一生都在经历着许多情绪情感。而且有时这些情感会相互交织甚至互相矛盾，在无意中影响着我们的思考和行为。

以下的练习列出了许多不同的感受。教师可以问学生是否熟悉这些感受。学生需要从以下感受中选出三种，并举出与这种感受有关的具体例子——这个例子可以是虚构的，也可以是从日常生活中提炼出来的——然后大家一起检查所举的例子是否与相应的感受有关。学生们还可以在课堂上分享这些感受，并共同探讨处理这些感受的方式。

实操演练

你是否曾经有过这样的感受？回答是或否。在下列感受中选出三种，并分别举一个真实或虚构的例子。之后，与你的同学一起探讨你所举出的例子是否符合相应的感受。

- 不公
- 孤独
- 不解
- 温暖
- 神秘
- 惊讶
- 急躁
- 希望
- 残忍
- 敏感
- 绝望
- 恐惧
- 悲伤
- 冷静
- 悲惨
- 无力
- 死亡
- 欢乐
- 严肃
- 焦虑
- 荒谬
- 快乐

19. 社会义务

概念：社会—义务—规则—道德

活动指南

不管我们自身的想法和感受如何，我们有时不得不依照他人的期望去生活。来自社会的压力经常与我们想要的自由和做自己的愿望相矛盾。意识到正在承受这些压力的不是你自己一个人，是很重要的事。

本次练习列出了一些社会对我们的要求，有的学生经历过，有的还没有。学生需要从中选出三种他们认为最严格或最痛苦的社会义务，并解释原因。另外，每个学生还需要选出三种他们认为可以很轻松履行的义务，并解释原因。之后，学生相互比较各自的选择。

实操演练

对你来说最严格或最折磨你的三种社会义务是什么？对你来说最轻松的三种社会义务是什么？给出理由。

- 工作
- 保持友善
- 听话
- 在学校表现好
- 在学校表现坏
- 与别人玩耍
- 赞同他人
- 服从
- 假装
- 为自己辩护
- 遵守规则
- 当专家
- 聪明
- 愚蠢
- 与他人有同样的品位
- 坚强
- 像别人一样
- 保持孤独
- 与人分享
- 接受别人的帮助
- 平等

20. 世界观

概念：哲学—存在—世界

活动指南

每个人的世界观因文化、个体差异以及其他因素各有不同。通常来说，这些个人的“哲学”就体现在那些我们时常说起却没有认真思考过内涵的话语中。

以下列出了一些人们在日常生活中经常说的句子，主要关于整个世界、生活、幸福以及人类等重要内容。学生需要判断自己是否同意这些话，并解释原因。

实操演练

你同意下列话语吗？表明自己是否同意并解释原因。

- 实际上，什么都没有改变。
- 所有的观点都是一样的。
- 生活不值得我们如此费心力。
- 人心险恶。
- 行为受道德的控制。
- 做事情要有始有终。
- 每一天都是新的一天。
- 宇宙是神秘的。
- 爱是最重要的。
- 要三思而后行。
- 顺其自然。
- 每个人都想要快乐。
- 任何人都不值得信任。
- 孩子比成年人诚实。
- 必须说实话。
- 你所得的都是你应得的。
- 尽己所能，尽善尽美。
- 太阳底下没有新鲜事。
- 每个人都有自己的使命。

21. 分析问题

概念：问题—答案—目的

活动指南

在面对问题时，我们更多的是去思考它的答案而非问题本身。然而，问题本身也值得分析：问题究竟是什么意思，会带来什么后果？问题的本质与功能是什么？背后潜在的问题又是什么？

以下列出了一系列经常出现的问题。本次练习的关键是评价哪些问题最有趣，哪些问题最无聊。然后，学生之间可以互相交流各自对这些问题的理解。

实操演练

选出你认为最有趣和最无聊的三个问题，并解释原因。

- 你是谁？
- 你从哪里来？
- 你要去哪里？
- 你过得如何？
- 你在做什么？
- 你好吗？
- 你是什么？
- 你在哪儿？
- 你什么时候来？
- 你多大？
- 你什么时候离开？
- 为什么你在那里？
- 你与谁在一起？
- 你想要什么？
- 你会做什么？
- 你在等什么？
- 你知道什么？
- 你在害怕什么？

22. 相信

概念：相信—怀疑—证明—接受—可信度

活动指南

我们总在不断地接收到来自外界的信息，这些消息我们有的选择相信，有的选择不信。对于我们相信的消息，有的是因为来源可靠，有的并没有真凭实据，只是出于感性。那么思考我们信与不信的理由就很有意义。

以下列出了一些可能会让我们相信的理由。学生需要对这些理由进行分析，从而判断每个理由是否能让我们信服。

实操演练

论证以下每个“理由”的可信度。
我们可以因为这个理由而相信某件事吗？

- 因为这是我父母告诉我的。
- 因为书里是这样写的。
- 因为我仔细思考过。
- 因为我心里就是知道。
- 因为我见过。
- 因为一些学者证明了这事。
- 因为这是法律的要求。
- 因为这是伟人说的。
- 因为每个人都相信如此。
- 因为没有人举出反例。
- 因为我们总需要去相信一些事情。
- 因为这是老师告诉我的。
- 因为总是需要去信任别人。
- 因为我喜欢它。
- 因为我相信我想相信的。
- 因为相信一些事不需要理由。
- 因为我不想让某人难过。
- 因为这件事别人都相信了。
- 因为我朋友向我发誓这件事是真的。

23. 生活的原则

概念：选择—价值—存在—目的—排序

活动指南

人生在世，总是希望自己的生活更有意义。这就是为什么人们好像总是在追求生活之外的东西——理想。同时，在不同的人生阶段，我们的价值观、对什么是人生追求的看法，也是变化的。然而，弄明白是什么在推动着我们发生这样的转变并非易事，而且我们一般也不愿意花时间去做这件事。

本次练习列出了一些价值观和人生目标。学生需要选出自己认为最重要和最不重要的人生目标。可以选出一个，也可以选出多个并按重要性排序。最后请学生集体讨论。

实操演练

分别选出你认为最重要和最不重要的人生目标，并解释原因。

- 财富
- 幸福
- 做贡献
- 权力
- 学习
- 冒险
- 玩乐
- 爱
- 得到想要的东西
- 成功
- 出名
- 提升自我
- 与众不同
- 和平
- 适应
- 美满的家庭

24. 成长

概念：成长—烦恼—不同解读

活动指南

每个人从童年到青年再到成年的成长过程不会总是一帆风顺，都要经历痛苦和困难。成长会给我们自己和他人带来一些烦恼。但从另一角度，我们可以将这些烦恼视作成长的见证，正是因为这些烦恼，让我们从心理和生理上都变得更加成熟。

本次练习列出了一些成长过程中的典型事件。学生需要在自己经验的基础上自由讨论，从中选出至少一件自己认为最有意义或最让自己烦恼的事。学生可以列举实例或者说理论证。

实操演练

在你的成长经历或对未来的设想中，你认为最大的烦恼是什么？从以下事件中选出三个并解释理由。

- 自由
- 恋爱
- 自控
- 谋生
- 承担责任
- 命令别人
- 找工作
- 生孩子
- 感到孤独
- 结婚
- 变老
- 工作
- 改变
- 变智慧
- 死亡
- 离开父母

25. 追求与动机

概念：例子—想法—追求—动机—目的

活动指南

有时我们的行为充满积极性，有时则毫无动力。我们总是可以找到各种各样的理由去解释我们为什么想或不想去做某件事。这些理由有时是一致的，有时却相互矛盾。

我们并不明确自己每一个行动的目的。以下列出了一些行为的动机，学生需要针对每个动机举出相应的一个具体实例，以表明他们理解了不同动机之间的差别。

实操演练

描述你因为以下动机而做的某件事情。

- 因为你喜欢做这件事。
- 为了学习。
- 为了帮助别人。
- 为了超越自己。
- 因为无聊。
- 因为爱一个人。
- 为了改变。
- 因为做了件错事。
- 为了超越别人。
- 为了取悦别人。
- 没有原因。
- 因为好奇心。
- 为了不被遗忘。
- 为了完成某件事。
- 为了挑战。
- 为了在生活中获得成功。
- 为了获得乐趣。

26. 情感的表达

概念：情感—表达—感觉—解释

活动指南

我们一般不会轻易在别人面前袒露和承认自己的情感。我们在处理自己的情感时也总是表现出很矛盾的态度：一方面我们需要表达自身的情感；但另一方面，我们又总是出于各种各样的原因试图隐藏它们。

学生需要在以下列出的一系列情感中选出在自己看来容易表达的和难于表达的，并解释原因。

实操演练

在以下列出的情感中，分别选出三种你认为最难于和最容易表达的情感，并解释原因。

- 愤怒
- 爱
- 友谊
- 嫉妒
- 挫折
- 孤独
- 空虚
- 无力
- 慷慨
- 恐惧
- 赞赏
- 害羞
- 仇恨
- 温柔
- 怨恨
- 野心
- 恼怒
- 缺乏
- 悲伤
- 懒惰
- 勇气
- 欢乐
- 焦虑
- 欺骗
- 惊讶
- 耻辱
- 急切

27. 错误

概念：错误—原因

活动指南

我们在工作和生活中常常会犯各种各样的错误。但我们并非每次都能意识到自己犯错了，也难以确定我们认识到了这些错误的本质或根源。但尝试理解犯错的原因，有助于我们对错误进行正确的判断、识别我们与错误的关系并改善我们对自我的认知。

以下列出了一系列可能的犯错原因，学生需要为每一种可能的原因举一个生活中的实例，以深化对错误的认识，理解错误的发生是由多重因素造成的。同时，认识、理解和分析错误也是预防再次犯错的一种方法。

实操演练

为下列每个犯错误的原因举一个例子。

- 遗忘
- 无意识
- 无知
- 玩笑
- 心不在焉
- 懒惰
- 不负责任
- 困惑
- 挑衅
- 弄错
- 匆忙
- 兴奋
- 焦虑
- 疏忽
- 冷漠
- 恐惧
- 意愿

28. 质疑规则

概念：义务—例外—异议—服从—不服从

活动指南

我们从小就被灌输各种各样的行为准则：道德的、礼貌的、实用的等。然而，随着长大，我们逐渐意识到这些准则并不是放之四海而皆准的。因此，认识、理解、分析规则，想象新规则可能会产生的影响，就变得既有意义又重要。

下面列出了一些常见的规则或法律条款，学生需要分析是否要服从下列每一条规则，甚至也可以建议不服从，但需要给出理由。

实操演练

遵守或违反下列规则的原因是什么？

- 有礼貌
- 善良
- 遵循生活的规律
- 服从领导
- 服从父母
- 不打架
- 绿灯行
- 思考自己的未来
- 工作
- 克制自己的欲望
- 不自私自利
- 尊重同学
- 不抄袭
- 不大喊大叫
- 准时
- 排队

29. 概念分类　概念：概念—区分—对立

活动指南

除非给出描述性定义，否则我们很难精确区分不同概念之间的差异。但是我们还是能够感知到概念之间质的差别，例如时间、内容等抽象概念间的差异。因此，本次练习的关键是学会区分概念，适当的时候可以利用抽象的术语来进行区分。

以下列出了一些关联密切的成对词语。学生需要指出每组词语间的共同点和不同点，时间充足的话分别找出每对词语的两三个反义词。建议不要用“最”（最大或最小、最多或最少等）来描述区别。

实操演练

每组词语之间的相同点与不同点分别是什么？

- 正方形　正方体
- 活动　工作
- 人类　动物
- 小轿车　公交车
- 侮辱　批评
- 朋友　同学
- 出发　离开
- 看见　观察
- 听见　倾听
- 出去　进来
- 成人　儿童
- 男孩　女孩
- 自己　他人
- 小说　字典
- 卵石　砖块
- 铅笔　钢笔
- 喝　吃
- 游戏　工作

30. 类别　概念：概念—类别

活动指南

用来捍卫我们信念的理由数不胜数。但为了避免理由的模糊与重复，我们可以将这些理由分为几大类，因为有些理由的本质是相同的，却披上了不同的外衣。因此，将理由进行分类归纳，即概念化，是很有用的。

以下列出了一系列有关联的词组。对于每组词，学生需要将它们都纳入一个“共同概念”之下：这个共同概念可以概括这三个词，也可以概括三个词的共同点。当然，如果出现多个答案，尽量选择更精确、更具体的那一个。

实操演练

将下列每组词用一个词概括。

- 游戏　工作　走路
- 石头　鹅卵石　膝盖
- 笔　硬币　手套
- 糖果　水果　面包
- 香肠　排骨　炸肉块
- 电影　书籍　绘画
- 正方形　立方体　三角形
- 打人　踢人　绊人
- 人类　植物　蜥蜴
- 汽车　公交车　船
- 帽子　鞋子　围巾
- 架子　扶手椅　地毯
- 番茄　猕猴桃　菠萝
- 玻璃　瓶子　罐子
- 蜘蛛侠　超人　人猿泰山
- 云　冰　水
- 塑料　铁　纸

31. 笑或不笑

概念：判断—条件—限制—笑

活动指南

我们喜欢笑，因为这是一件让我们感到开心的事。但有时，有人会因我们笑而指责我们。有时我们不得不憋住笑，之所以不笑是有原因的，这种原因是出于道德的要求还是遵循其他的原则？让我们一起来分析下哪些道德标准会对我们的笑进行限制。

以下列出了一些我们不应该笑或要忍住笑的原因。学生需要按顺序分析这些原因在何种情况下是合理的。通过这个练习，我们将共同讨论在什么情况下，笑是不合时宜的。

实操演练

让我们检视以下所列出的忍住不笑的各种原因，并判断这些原因是否合理以及在何种情况下有意义。

不笑公平吗？

- 和任何人一起
- 在任何时间
- 为任何事
- 在任何地方
- 不管怎样
- 出于任何原因
- 为了任何目标
- 在任何场合下
- 每一次
- 从来没有
- 次数太多
- 太强烈
- 没有原因
- 错误地
- 胆怯地
- 愚蠢地
- 有恶意地

32. 类别

概念：类别—概念—领域—事物—存在

活动指南

我们可以根据事物所属的类别界定事物的本质，但不同的人有自己对类别的划分。因为不同的人从不同的角度理解某一事物，会将其归为不同的类别，因而会有不同的界定。值得注意的是，这些类别可能相近，也可能不同。

以下列出的每一个事物，都至少可以归入两到三个不同的类别中。以“牛”为例，就可以被划分至以下类别中：动物、生物、制造者、消费者、商品、哺乳动物、象征物等。学生需要指出每一事物可以被划分的类别。

实操演练

指出下列每一事物所属的一个或多个类别。

- 牛
- 钢笔
- 桌子
- 裤子
- 车子
- 杯子
- 布鲁塞尔
- 教师
- 平均数
- 游戏
- 树
- 天使
- 爱
- 字典
- 电脑
- 胃
- 手表
- 氧气
- 河流
- 下降

三

儿童哲学思考练习

（二）进阶练习

33. 责任

概念：责任—受害者—公平—不公平

活动指南

日常生活中，我们想要理解一个人对问题所负的责任并评判其作法是否公平，并不是容易的事。我们有必要对此进行探讨，因为责任也是智力和道德发展的体现。

此次练习中，学生需要针对每种情况回答这样几个问题：谁是受害者？谁要承担责任？这样公平吗？并请学生陈述理由。

注意，有时可能好几个人都是受害者或过错方，有时可能同一个人既是受害者又是过错方。

实操演练

谁是受害者？谁有责任？这样公平吗？

- 罗伯特的妈妈禁止罗伯特玩刀。罗伯特仍然玩了刀，还切到了自己。
- 一个女人将她的手包忘在了长椅上。等她回来的时候，包已经不见了。
- 一个男子失业了。为了养活孩子，他偷了超市的肉，被警察送进了监狱。
- 西尔薇娅不喜欢朱莉娅，因为朱莉娅每次都是班级第一。前几天，朱莉娅在班级跟西尔薇娅说话的时候，西尔薇娅很生气，还大喊着说：“我不想跟你说话，你让我很心烦！”之后，老师因为西尔薇娅的喊叫而惩罚了她。
- 因为第一辆车的刹车坏了，造成了两辆车在一个十字路口相撞。两个司机都没事，但是第一辆车的乘客，也是车的主人受伤了，必须被送去医院。

- 乔安娜的妈妈不帮女儿做作业。乔安娜自己也不做作业，最终导致她得留级一年。
- 一些有帮派的高年级学生经常在其他学生放学的路上敲诈他们。史提芬有次从他们身边经过时，他们抢走了他在圣诞节时收到的苹果牌音乐播放机。
- 麦迪丽不能吃糖果，否则就会生病。玛瑞安给了她一块糖，麦迪丽因为喜欢所以接受了。后来麦迪丽因为吃糖生病了，一个星期都不能上学。
- 男孩们在操场上踢足球。正在踢球的保罗撞到了路过操场的娜塔莉，导致她的头撞到了树上。娜塔莉头部受了很重的伤被送去了医务室。保罗内疚地哭了。
- 约翰在学校的墙角发现一本漫画书。他把漫画书拿走，到长椅上看了起来。将这本漫画放在墙角的帕斯卡在跟朋友玩完之后找不到它了。他晚上回家之后，因为丢了漫画书而被爸爸责备。

34. 它是什么？

概念：定义—作用—身份

活动指南

我们并非总能轻易认清事物的本质。所有的存在都是复杂的：每一个事物都有其多面性。为了了解和定义某一事物，我们必须弄清它的复杂性：它的外观、作用以及与其他事物的联系等。

对于每一件事物，我们大多都是先去了解它是什么，然后搞清它的作用。学生需要弄清楚以下所列出的人或事物是什么，其作用是什么。这些问题可能会有多个不同的答案，尽可能选择最适合、最完整的答案。

实操演练

这是什么？作用是什么？

- 一个孩子
- 一名教师
- 一个苹果
- 一本书
- 一间教室
- 一座房子
- 一辆车
- 一支钢笔
- 一家商店
- 一枚鹅卵石
- 一名学生
- 一个朋友
- 一个气球
- 一把椅子
- 一棵树
- 一台电视机
- 一台电脑
- 一条裤子

35. 谚语

概念：道德—谚语

活动指南

传统上，流行的道德规训有时会以格言的方式呈现，有时会以智慧寓言故事的方式呈现。这些格言、寓言用隐喻的方式表达了道德规训，因此需要进一步理解。

对于每一条谚语，我们首先要理解其暗含的道德寓意，进而批判性地理解、审视其内容。在本次练习中，学生需要表明自己是否同意这些谚语，并论证自己的观点。教师可以在练习开始之前教授如何正确使用谚语。如果学生难以理解下列给出的谚语，教师可以请学生说出自己的理解，在思想的碰撞中继续思考这些问题。

实操演练

你同意这些谚语吗？

- 山中无老虎，猴子称大王。
- 眼不见，心不烦。
- 敌人的敌人就是朋友。
- 爱情是盲目的。
- 害人终会害己。
- 孩子不打不成器。
- 四海为家，则无处为家。
- 仁者爱人。
- 自己动手，丰衣足食。
- 快乐而不张扬。
- 狐假虎威，狗仗人势。
- 病来如山倒，病去如抽丝。
- 强权就是真理。
- 金钱买不来幸福。
- 自由的停止，其他的开始。
- 是金子早晚会发光。
- 宁为鸡头，不做凤尾。
- 天助自助者。

36. 身份

概念：身份—永恒—改变

活动指南

想要判断一个人的本质并非易事。因为随着时间的流逝，人们总在不断变化，包括外貌、品位、观念等。然而，总有些因素要比其他因素更能反映人们的本质，这些因素对人们的影响更深远，持续时间也更长。

在本次练习中，我们会探究当人们不断地改变自己身上的这个或那个特征之后，人们在多大程度上仍然保持自我。学生需要用“是”或“不是”来回答，并论证自己的答案。同时，学生之间可以共同探讨。能否根据个体的某个特征来判定个体的身份没有改变或是已经改变了，这是论证的重点，而且需要用实例或说理来佐证。学生需要将下列判断身份的依据从最重要到最不重要排序。

如果所有学生的想法都一样，教师需要通过一些批判性的问题来促使学生进行多元化思考。

实操演练

你还是那个你吗？

- 如果你换了衣服。
- 如果你改变了性格。
- 如果你改变了国籍。
- 如果你改变了年龄。
- 如果你改变了想法。
- 如果你换了房子。
- 如果你改了名字。
- 如果你换了家庭。
- 如果你改变了性别。
- 如果你改变了身份。
- 如果你换了工作。
- 如果你改变了出生的地方。
- 如果你改变了口味。
- 如果你改变了发型。
- 如果你改变了姓氏。
- 如果你的文化环境改变了。

37. 喜欢

概念：喜欢—爱—友情

活动指南

“喜欢”这个词涵盖了一个人对于他人、事、物的情感。它指向的对象可以千差万别。下面列出一些学生可能会喜欢的人、事、物等。但有时，我们会不加区别地对很多对象都使用“喜欢”这个词。因此，本次练习可帮助学生理解这些情感的异同。

每个学生都需要使用抽象或具体的解释性话语，来描述各种程度的“喜欢”。最好让学生在表述中通过举例或抽象概括这两种形式来深入描述。在讨论过程中，如果不同的学生使用了同样的词汇，需要请学生对此进行具体说明。例如，如果学生表示自己不喜欢某事物，他们需要具体说明“不喜欢”的原因和程度。

实操演练

你有多喜欢……

- 你的父母
- 你最好的朋友
- 你的兄弟姐妹
- 你的邻居
- 你的老师
- 你的祖父母
- 你最喜欢的动物
- 巧克力
- 一部电影
- 人类
- 运动
- 你自己
- 你的形象
- 你的名字
- 你的想法
- 吃
- 玩
- 你最喜欢的同学
- 你的祖国

38. 价值观

概念：品质—缺点—序列

活动指南

个体和社会都会将自己世界里的人、事、物有组织地划分成不同序列，只是这些划分有的对，有的错。我们每个人都有自己最珍视的品德，这就是你的价值观，而我们正是在自己价值观的基础上进行序列划分的。一般来说，成人、父母或教师或多或少会有意识地向下一代传递自己的价值观体系，但是这种价值观体系大多没有经过质疑和审视，甚至是无意识的。本次练习的目的是让学生反思自己的价值观体系，通过共同讨论进而评价彼此的价值观，并向对方论证自己的想法有道理。

学生开始时只能在每组词中选择更喜欢的一项，不能两个都选。虽然人类本能地想同时拥有一切，但这是一项关于选择与限制的实验。有时教师可能需要跟学生解释一下，这只是一个练习，以便能通过这样唯一的选择来认识自己的偏好。通过论证自己的选择，并与伙伴进行探讨，学生将加深对这一重要议题的理解。

实操演练

你更倾向于哪个？

- 通才还是专才？
- 出名还是善良？
- 富有还是慷慨？
- 强健还是睿智？
- 顺从还是自主？
- 真才实学还是高分？
- 狂妄还是无知？
- 被爱还是被钦佩？
- 害羞还是恐惧？
- 普通还是独特？
- 强壮还是勇敢？
- 聪明还是强壮？
- 美丽还是智慧？
- 去爱还是被爱？
- 自由还是责任？
- 快乐还是公平？

39. 羞愧

概念：羞愧—良心

活动指南

别人的意见或多或少影响着我们。这些意见使我们意识到自身的不足，而且也经常让我们感到羞愧，让我们的内心忐忑不安。本次练习中，学生需要思考有可能引发他们羞愧的多种情况，分析这种感觉产生的原因，并评价其是否合理。既要意识到事实本身，又要对事实进行分析评价，有的学生完成这一练习可能存在困难。评价时需要关注它是否正常以及是否合理。请学生从批判性的角度进行分析是很重要的事，虽然有时看似困难。以怕鬼为例：我们可以怕鬼，这很正常，但并不合理。但在面对狮子时，害怕则是正常又合理的。

对于产生羞愧的原因，需要从个体本身的“缺点”出发进行分析，如愚蠢、渺小、贫穷等。这个练习中的另一个难点是进行假设的能力，因为学生可能并没有经历过这些事。

实操演练

在下列情况中，你应该感到羞愧吗？

- 当你没考好的时候。
- 当你犯错误的时候。
- 当你妈妈在学校同学面前吻你的时候。
- 当别人听说你爸爸失业了的时候。
- 当你不如别人强壮的时候。
- 当你和别人不一样的时候。
- 当你说谎被捉住的时候。
- 当你穿得很糟糕走在街上的时候。
- 当你必须在全班面前发言的时候。
- 当你与他人做得不一样的时候。
- 当你想到自己的缺点的时候。
- 当你伤害别人的时候。
- 当别人在议论你恋爱了的时候。
- 当你必须在所有人面前讲话的时候。
- 当你身上的味道挺难闻的时候。
- 当你的头发乱糟糟的时候。

40. 存在与成长

概念：改变—永恒—存在—成长

活动指南

事物总会发生变化：可能会从原本的样子逐步变成完全不同的样子，或者一直都是原来的样子却在突然之间发生很大改变。希望事物一成不变似乎是天方夜谭。本次练习旨在帮助学生思考变化，思考过去与未来，思考究竟是什么在改变以及如何改变：事物从什么变成了什么。孩子在出生前以胚胎的方式存在，之后他们因为教育等因素在生理和心理上都逐渐成长了，但他们依然是这个人，依然保有这一具躯体。同样，一棵树在长大之前是一粒种子，长成大树之后可能会被做成家具，但它也还是木材；如果木头被烧掉，那么就会从木头变成灰烬。当然，关于变化的思考并没有“绝对”的答案，但是有必要让学生通过分析和解释来思考。而且，最好要先承认自己的无知。

实操演练

它是从哪里来的？它改变了什么？它如何改变的？它永远不变的是什么？

- 一个孩子
- 一条毛毛虫
- 一个苹果
- 大海
- 一头羊
- 一棵树
- 一位朋友
- 一粒豆子
- 一个想法
- 地球
- 一个气球
- 一把椅子
- 一朵花
- 一颗星
- 一本书
- 一枚鸡蛋

41. 儿童与成人

概念：比较—儿童—成人

活动指南

儿童很少像成人那样看待自己与成人的关系，他们对成人总是很宽容。因此，在这次练习中，我们请儿童“客观地”从不同标准来对成人与儿童进行比较。通过比较来了解儿童想法的适应与改变过程，是很有趣的。

学生需要判断下列词语更适合用在成人身上还是儿童身上，并解释原因，还需要用不同的方式判断该词在何种情况下适合儿童或成人。以“责任”一词为例，如果说成人有责任赚钱谋生养家，那么儿童也有责任学习和照顾好自己的身体。

实操演练

比较以下词语更适合儿童还是成人，并解释原因。同时判断该词在何种情况下适合儿童和成人。

- 游戏
- 责任
- 友谊
- 求知
- 交流
- 诚实
- 学习
- 勇气
- 力量
- 慷慨
- 推理
- 爱
- 自由
- 权威
- 嫉妒
- 工作
- 说谎
- 焦虑

42. 自私

概念：自私—自主—依赖

活动指南

我们是否应该经常关心他人？平等地看待自己的自私和他人的自私是很不容易的，因为在这一过程中，我们会受到很多不容忽视的现实的、心理的、道德的因素的影响。

“这是自私吗？”学生需要通过回答这样的问题来评估行为在道德上的正当性，并说明这个行为是出于必要性、需求还是欲望等。换句话说，从自身与他人的角度来判断同一种情况是否自私，是不是会有区别呢？如果学生认为这个行为是否自私取决于当时的情境，那么学生需要细致地描绘当时可能的情境，而不能模糊地说“视情况而定”。

实操演练

这样自私吗？

- 当你拒绝分享你的三明治的时候。
- 当你想独自一人睡在你床上的时候。
- 当你不想和别人分享你的球的时候。
- 当你想安静地读一本书的时候。
- 当你因为要做作业而不想帮助你母亲的时候。
- 当你的祖母要求你陪她说话的时候。
- 当你的祖母想跟你说话，而你不回答的时候。
- 当你向朋友借一块钱，而你的朋友不想借你的时候。
- 当你的哥哥不想让你用电脑的时候。
- 当你的同学不想让你在考试中抄他答案的时候。
- 当你不想施舍乞丐的时候。
- 当你只学自己喜欢的东西的时候。
- 当你想要被爱的时候。
- 当你害羞的时候。
- 当你妈妈希望你服从的时候。
- 当你想一个人待着的时候。

43. 欺骗

概念：目的—理由—解释

活动指南

我们有时会欺骗别人。原因是什么呢？可能是因为当时情况需要、或“好玩”的心理等等。这种欺骗行为合理吗？要回答这个问题，需要从这个行为的后果、意图、本质等方面评价。以下列出了欺骗他人的多种原因，学生需要对这些原因逐个分析、评价。为了避免学生给出未经思考的、重复的答案，学生需要先直接回答“好”，然后论证为什么“好”，再论证为什么欺骗“不好”。之后，学生需要将这些理由按照合理性排序，并给出这样排序的理由。

实操演练

为了下列原因欺骗别人好吗？

- 为了取乐。
- 为了给他们一个教训。
- 为了捉弄别人。
- 为了得到奖励。
- 为了给自己报仇。
- 为了好玩。
- 为了让人们开怀大笑。
- 为了消磨时间。
- 为了叫醒他们。
- 开玩笑。
- 没有理由。
- 因为他是自己的朋友。
- 为了向他们展示自己的力量。
- 为了让他们重视起来。
- 因为一个朋友让我这样做。
- 因为他们很烦人。

44. 理智与情感

概念：情感—理智—对立

活动指南

生活中，我们一方面要保持理智以满足别人的期待，我们另一方面也要考虑自己的感受。这是人类思维非常经典的两难处境。为了在日后更好地处理这个问题，我们需要对此进行讨论。通过讨论这个问题，我们不仅会学会如何承受这种压力，同时也学会理解和处理它。

以下列出了几种常见的情景，学生需要想象和描绘身处如此理智与情感两难处境时的矛盾心理。本次练习通过对以往经验的分析和解释，会具体化这种曾经出现在每个人身上的矛盾心理。

实操演练

在下列情况下，你会感觉到自己在理智与情感之间举棋不定。请给出之所以如此矛盾的可能原因。

- 你想让你的父母给你买一个玩具。
- 你有点喜新厌旧。
- 你有作业要做。
- 你想要帮助一个朋友。
- 你在街上看到一个流浪汉。
- 你的老师批评了你。
- 你对你弟弟很生气。
- 你嫉妒你的姐姐。
- 你最好的朋友再也不跟你说话了。
- 你妈妈叫你帮忙做家务。
- 你想看电视。
- 你不想去睡觉。
- 你知道是谁偷走了老师的计算器。
- 你心情不好。
- 你想吃最后一块蛋糕。
- 你最好的朋友替你背了黑锅。

45. 恐惧

概念：恐惧—信心—感受—原因

活动指南

我们会因为各种原因而对他人都有所忌惮，毕竟他们不是我们自己。但除了这种一般意义上的恐惧，恐惧还有各种表现形式和原因。我们应当直面自身的恐惧，找到恐惧的原因并找出对抗恐惧的方法。本次练习的目的是通过分析恐惧的原因，从而直面我们的恐惧。

以下列出了有可能吓到我们的、形形色色的人。在本次练习中，我们需要分析恐惧的性质和引起恐惧的理由，从而说服自己不再害怕这个人或这类人。

实操演练

为什么我们应该害怕这个人？为什么我们不应该害怕这个人？分别给出至少一个理由。

- 一个残疾人
- 一个精神病人
- 一个外国人
- 一个外来人
- 一名警察
- 一个异性
- 你的老师
- 你的父母
- 你的校友
- 你的同学
- 一个流浪汉
- 一具尸体
- 一个病重的人
- 你的医生
- 你的邻居
- 你自己

46. 质疑

概念：批评—普适性—问题—反对

活动指南

所谓批判地思考，就是分析话语是否可信，并思考这些话成立的条件、可能的谬误以及是否有意义。换句话说，就是针对别人的言论提出有根据的反对意见，也就是质疑。一般来说，我们通过提问的方式来质疑。

下面列出了一些人们时下的言论。学生需要通过提出反对意见的方式评判每一条言论是否具有普适性。本次练习的基本假设是：没有一个命题是完全正确的。而学生通过亲身参与讨论，能更好地理解这句话。同学之间可以互相比较各自的关注点并提出反对意见。

实操演练

找出下列每个句子中存在的问题或提出反例。

- 别相信陌生人。
- 小时偷针，长大偷金。
- 便宜没好货。
- 不要把所有的鸡蛋都放在一个篮子里。
- 每个人都有权发表自己的看法。
- 必须要在课堂上好好表现。
- 你必须听父母的话。
- 没有人知道会发生什么。
- 没有最好，只有更好。
- 圣人无所不知。
- 孩子也有权利。
- 只有好学生才能找到好工作。
- 人人都有享乐的权利。
- 女孩和男孩是不同的。
- 儿童不必对自己的行为负责。
- 每个人都有自己的观点。
- 评判他人是不对的。
- 不能嘲笑别人。

47. 解释 概念：重构—内涵—意图

活动指南

解释是指我们用自己的话将我们对某物的理解表达出来。但有时，哪怕一个词语的改变，都会让这句话的含义发生变化。因此，要比较对同一事物的不同理解和表达方式，重新表述是很重要的。

以下列出了多组成对的表达，这些表达意思相近却有所不同，我们需要体会它们各自的含义以便了解其中细微的差别。我们有必要仔细地、整体地体会不同表达的描述方式，以便厘清其中的区别。教师可以引导学生用一些简单的反义词来描述其中的区别，例如“特殊的”与“一般的”，“慷慨的”与“自私的”等。学生还需要观察这些表达在形式上的区别，并分析表达方式对内容的影响。

实操演练

请解释每组意义相近的表达之间的主要区别。

- 这幅画很漂亮。——我喜欢这幅画。
- 你做了愚蠢的事情。——你很愚蠢。
- 我们一起分享。—— 我们各有一半。
- 你不听我的。——你没做我让你做的。
- 他爱我。——他喜欢我。
- 你告诉我你会做的。——你答应我你会做的。
- 这非常好。——这太好了。
- 我不同意你的观点。——我很抱歉反驳你。
- 这项工作必须好好做。——这项工作必须完美完成。
- 她让我来的。——她强迫我来的。

- 他令我心烦。——我没发现他哪好。
- 我不会在强迫下吃东西。——你不能强迫我吃东西。
- 明天请把你的笔记本带来。——明天把你的笔记本带来。
- 我考虑过后觉得那样很好。——我认为那样很好。
- 随便你怎么想。——你错了。
- 你说的话让我很惊讶。——你说的话很奇怪。
- 他来我家。——他出现在我的地盘。
- 你做什么工作？——你在做什么？

48. 送礼物

概念：送礼物—交换—道德—其他—意图

活动指南

给予似乎总是一件好事，因为对个体和社会来说，慷慨都是一个重要的品德。送礼物是社会运行过程中的一个重要环节，也是一项复杂的工程：它需要考虑送礼物的动机、礼物的性质、收礼者的需求和愿望，以及其他对礼物的价值和特征有影响的因素。因此，我们需要了解并分析送礼物的关键因素。

以下列出了一些送礼物的理由。然而，出于任何一个原因送出的每一份礼物都有可能会被挑剔。因此，我们也需要从某一角度批判以下送礼物的理由，以找到这个理由的局限性。但在批判之前，学生需要举一个例子或说出一种情况，来说明出于这个原因送礼物可能存在的问题。最后，学生要在此基础上列出一系列不送礼物的理由。

实操演练

对于以下给出的每一个理由，举一个例子来说明因为这个理由送礼物可能会受到的批评，并且分析原因。在分析的基础上，列出一系列不送礼物的理由。

我送礼物给一个人：

- 因为是圣诞节。
- 因为今天是她的生日。
- 因为送她礼物让我高兴。
- 因为送她礼物让她高兴。
- 因为她需要这个礼物。
- 因为给予是一件好事。
- 因为我们必须送礼物给别人。
- 因为我认识这个人。
- 因为她让我送她礼物。
- 因为我不再需要这件东西了。
- 因为我母亲让我这么做。
- 因为我不喜欢这个东西了。
- 因为我不想太自私。
- 因为她的哥哥提醒了我这么做。
- 因为接下来，她会送我一份礼物。
- 因为她上周送了我一份礼物。
- 因为我很慷慨。
- 因为我想表现出友善。

49. 意愿

概念：需求—欲望—拒绝—假设—论证

活动指南

欲望或需求的成因应该比其本身更加重要。然而我们常常更关注的是自己的需求本身，而忽略了我们为什么会有这样的需求，甚至故意不去思考或者否认有这样需求的原因。

以下列出的一系列活动，可能是我们向往、期待、喜欢的，也可能是我们不向往、不期待、不喜欢的。学生需要指出之所以想做和不想做这些事情的原因，包括与这件事的关系、内心感受、责任等，论证要言之有理、让人信服。注意，学生需要跳出固有的思维模式，思考其他的可能性。

实操演练

针对每一个活动，分别找出三个想做和不想做这件事的理由。

- 睡觉
- 吃饭
- 上学
- 服从
- 独处
- 玩音乐
- 做运动
- 过生日
- 与众不同
- 买新衣服
- 度假
- 取得好成绩
- 取得差成绩
- 被别人欣赏
- 改变父母
- 改变学校
- 阅读
- 看电视
- 思考
- 做梦

50. 定义

概念：概念—定义—可能—一般—不可能

活动指南

很多时候，我们凭直觉来感知一个词语的意思，因为我们通常在日常生活的反复运用中学习如何使用这个词语、了解这个词语的意思。当我们需要一个准确的定义时，可以求助字典，来验证我们平时的理解是否准确。其实，我们也可以学习如何下定义，如何概念化。

以下列出了一些词语并给出了定义。学生需要评价这个定义，判断其是否准确，并论证自己评价的正确性。例如，这个词的定义是否太狭窄或太宽泛，是能接受但太具体，还是根本不正确？

实操演练

你认为下列词语的定义准确吗？

- 飞机：一种比空气轻的空中航行设备。
- 法棍：用面粉、水和盐做成的又薄又长的面包。
- 气球：一种用来玩的、充满空气的圆形物体。
- 猪：一种生活在农场的哺乳动物，人类可以吃它的肉。
- 吉他：六弦乐器，可以插电演奏。
- 人类：没有毛发、羽毛或鳞片的动物。
- 狮子：生活在动物园里的大型哺乳动物。
- 书：用来书写的一沓装订好的纸。
- 母亲：照顾孩子的女性。
- 橙子：有酸味的可食用水果。
- 页面：一张纸的两面。
- 面包：人类做出来的一种食物，有不同的形状。

- 双数：可以被 2 整除的数。
- 鱼：在水里产卵和生活的脊椎动物。
- 苹果：可食用的有果核的水果，最终被用作投掷物。
- 四边形：四条边相等的平面图形。
- 洗漱用品：身体清洁护理用品的总称。
- 火车：在轨道上运行的、由车厢和牵引装置组成的交通工具。
- 汽车：有轮子和引擎的交通工具。

51. 缺陷

概念：好—坏—辩护—决定

活动指南

道德是判断行为好坏的标准，即我们常说的“这样做是好的”或者“这样做不好”。但因为种种原因，在现实中我们也会不去做那些“好的”或者“看起来好的”事。有时候看起来坏的事，却有可能是出于一些正当的原因。

以下列出了一些相对来说负面的词，学生需要对其进行定义和质疑，以分析这些词是否有可能在某些情况下是符合道德标准的。对于下列每一个有“缺陷”的词，学生都需要对其下定义，并为其辩护——用一句话指出在何种情况下它是符合道德标准的。

实操演练

给下列的每一个词语下定义，然后论证有时这样做是有正当理由的。

- 强权
- 不服从
- 自私
- 粗俗
- 虚伪
- 傻
- 无知
- 不公平
- 不敏感
- 嫉妒
- 懦弱
- 卑鄙
- 撒谎
- 轻蔑
- 懒惰
- 告密
- 吹牛
- 暴力

52. 公平与不公平

概念：公平—不公平—理性—解释

活动指南

我们有时觉得这个世界是不公平的，尤其对自己不公，总是难以顺心顺意。即使有些不公平的待遇不是我们应得的，但它依然发生了。这种经历和感受我们都在不同程度上体验过。

以下列出了一些似乎不公平的情况。首先，学生需要分析每种情况的不公平之处；然后，从另一个视角出发，来分析下列情况的合理、公平之处。

实操演练

解释下列情况的不公平之处。

然后从另一个视角出发，论证它为何又是公平的。

- 教师不需要举手就能说话。
- 我父亲去饭店吃饭的次数比我多。
- 我从来没看过“奔跑吧兄弟”这个节目。
- 我妈妈不想让我洗碗。
- 我哥哥不想把他的睡衣给我。
- 我无权独自外出。
- 我妹妹嘲笑我。
- 即使我同学考得很差，她的家长也从不生气。
- 虽然我要做家庭作业，但我也必须打扫房间。
- 我有生理缺陷。
- 我的狗不用去上学。
- 我没有权利随时随地发呆。

- 在家里，没有人阻止我做我想做的事。
- 我是一个男孩。
- 人类的肤色并不都一样。
- 我是一个孩子。
- 我是一个人。
- 我的父母没有工作。
- 没有经过我的允许，我父母就把我带到了这个世界上。
- 我有一个大鼻子。
- 总有一天我们都会死。
- 我父母做了违背我意愿的事。

53. 平等与不平等

概念：平等—不平等

活动指南

男人和女人应该享有平等的权利，实际生活中却并不平等。在不同的地区和文化背景下，男女不平等的程度和形式也各不相同。除了性别不平等之外，还有其他类型的不平等：儿童与成人之间、穷人与富人之间，等等。以下列出了许多组不同类型的人。本次练习的关键之处，在于搞清楚这些不同类的人之间是否存在着某种形式的不平等，不管他们的身份和地位如何。最后，分析这些不平等对社会的影响是否重大。

实操演练

下列每组不同类型的人之间，你认为是平等的还是不平等的？如果存在不平等，这种不平等对社会影响大吗？证明你的判断。

- 儿童与成人
- 富人与穷人
- 好学生与坏学生
- 政府官员与公民
- 无知者与学者
- 欧洲人与非洲人
- 懦弱的人与坚强的人
- 美丽的人与丑陋的人
- 残疾人与正常人
- 本地人与外来移民
- 男孩与女孩
- 妻子与丈夫
- 学生与老师
- 警察与强盗
- 人类与动物
- 农村村民与城市居民
- 有神论者与无神论者
- 胖人与瘦人

54. 暴力

概念：暴力—打架—正当—动机—原因

活动指南

在人类历史上，暴力无处不在。暴力现象的原因千奇百怪。而在人类历史的开端，人类是出于竞争、保护或侵略的目的而采用暴力，这似乎是人类的一种核心本质。现如今，人们依然很容易就诉诸暴力，因此人们需要思考为什么暴力行为依然反复出现，它合理性的限度在哪里。

以下列出了一些使用暴力的理由。学生需要逐个分析并判断哪些理由是最能被接受的，哪些理由最不能被接受，然后与同学讨论各自的答案。也许有一些学生会认为任何一个理由都不能接受，这时可以请他们用“最不糟糕的理由”来替换“最能接受的理由”。本次练习的目标之一是要学生意识到的确有一些使用暴力的正当理由。

实操演练

将下列使用暴力的理由从“最合理”到“最不合理”排列，并解释为什么你认为前三个理由“最合理”，最后三个理由“最不合理”。将你的答案与你同桌的答案相比较。

你使用暴力是为了：

- 捍卫自己的领地
- 保护自己的生命
- 保护同胞的生命
- 维护自己的声誉
- 对抗不公正
- 致富
- 取乐
- 给自己报仇
- 变得强大
- 没有原因
- 替家人复仇
- 保卫国家
- 学习
- 因为别人命令自己这么做
- 使自己的生活有意义
- 为了防止有人攻击自己
- 因为别人先打你的
- 因为自己喜欢暴力

55. 死亡

概念：生命—死亡—感觉—主观

活动指南

死亡是一种生命现象，它意味着作为一段物理过程的生命停止了。然而，死亡，就像活着一样，有多重含义：它与个体的主体性关系密切，而对死亡的判定与文化和社会背景有着密切关联。为死亡所下的定义从根本上改变了其本质。

以下列出了一些与死亡有关的经典命题。学生需要将这些命题按照自己的认可程度，从最认可到最不认可排序。排好之后，请学生反驳自己最认可的三个命题，并为自己最不认可的三个命题辩护。练习的第二个步骤可以以个人、小组或集体的形式完成。

实操演练

将下列这些命题从最认可到最不认可排列。试着反驳你最认可的三个命题。尝试证明你最不认可的三个命题是有意义且积极的。

- 死亡没有意义。
- 死亡是生命的终结。
- 死亡使生命变得有趣。
- 死亡是另一个开始。
- 死亡是我们一生抗争的对象。
- 死亡是我们必须学会接受的。
- 死亡无足轻重。
- 死亡是一种考验。
- 死亡是一种巨大的痛苦。
- 死亡是我们最怕的东西。
- 我们不知道什么是死亡。
- 死亡是一件快乐的事。
- 死亡是生命中最重要的时刻。
- 一个人的死亡意味着给他人腾出空间。
- 死亡是回到原点。
- 死亡是无趣的。
- 我们不需要考虑死亡。

56. 隐瞒

概念：主观—客观—了解—揭示—谴责

活动指南

我们都知道，媒体总是会隐瞒部分或全部的真相，有时甚至会制造“真相”。但事实上，告知公众全部真相既不容易，也不明智，而且有时出于种种原因，也不可能这样做。因此关键是要思考隐瞒的原因，以便更好地理解这些有意或无意隐瞒的现象。

以下列出了一些媒体经常报道的主题。学生需要针对每个主题，说出一个所有真相应被如实报道的理由，然后再找一个不能如实报道所有真相的理由。本次练习之前，教师要根据学生对这些主题的了解程度，在需要的时候对主题做简单的介绍说明。本次练习的一个重要规则是，同一个理由不能使用两次。最后，可以由每个人自己或全班一起列出之所以要适当隐瞒真相的一系列理由。

实操演练

针对以下每个主题，找到一个所有真相应被如实报道的理由，然后再找一个不能如实说出所有真相的理由。尽量避免使用重复的理由。最后列出之所以要适当隐瞒的一系列理由。

- 国家总统
- 一个秘密
- 我们身上会发生什么
- 别人身上会发生什么
- 一场战争
- 一次犯罪
- 一场审判
- 政府所做的一个决定
- 一次恐怖袭击
- 一场绑架
- 一个人的疾病
- 一场选举
- 一次警方调查
- 一本书
- 一个人的声明
- 报纸上的一篇文章
- 一场争论

57. 反义词与形容词

概念：概念—反义词—相反—矛盾—定义

活动指南

这个世界本身，以及我们对世界的理解，大多充斥着许多相反、对立的概念。这种相反不仅表现在物理层面，例如空间（上与下）、时间（先与后）、材料（软与硬），而且也表现在思维层面（主观与客观）。虽然对这些的理解有助于我们理解现实，但是要确定相反的属性也并不是件容易的事。

在本次练习中，学生首先需要找到所列出形容词的反义词，然后解释两者是如何对立的。而且，因为一个形容词可能会有多种不同的含义，所以可能会有几个不同的反义词。注意，不要列举那些太过牵强的、需要复杂解释的反义词。通过小组讨论的方式确定大家都可以接受的答案，去掉大家不能接受的答案。

实操演练

为下列每个形容词找出一个或几个反义词，并且解释两者是如何相反的。

- 好的
- 可怕的
- 暴躁的
- 不可能的
- 勤奋的
- 孤独的
- 悲惨的
- 专横的
- 公平的
- 陌生的
- 奇怪的
- 困难的
- 迷失的
- 模糊的
- 复杂的
- 迷人的

58. 错与对

概念：对—错—情况—目的—矛盾

活动指南

生活中，我们有时会批评一些人、一些言行，但事后也会意识到自己不该如此。有时，我们会对同一件事、同一个人做出截然相反的评价。我们会结合不同的情境来评判一个人的对错。但重要的是，我们需要理解我们的判断是如何受到环境影响而改变的以及为什么会改变。

在本次练习中，学生首先需要评判所列出的行为是好还是坏，并给出是否应该做这件事的建议。之后，学生需要质疑这些评判，并分别具体说明出于何种目的、怎样做或何种情况下做这件事是对的和错的。

实操演练

先论证为什么这样做是错的，然后论证为什么这样做是对的。

- 表达自己的想法
- 打架
- 大喊大叫
- 匆忙行事
- 争论
- 证明自己
- 指责
- 恭贺
- 服从
- 思考
- 倾听别人的意见
- 发明
- 离开
- 阅读
- 判断
- 回答

59. 爱的阻碍

概念：好—坏—情感—理性—激情

活动指南

爱是一种令人惊奇的现象。就像童话里一样，这种关系有可能被理想化。但是，用对爱的理想信念来对抗人性的缺陷与邪恶，是一件很有意义的事。

以下列出的缺陷，可能会成为爱的阻碍。本次练习的关键，是通过辩论来判断自己是否可能爱上这样一个有缺陷的人。

实操演练

我们有可能爱上这样一个人吗？

- 愚蠢的人
- 卑鄙的人
- 懒惰的人
- 不爱我们的人
- 谁都不爱的人
- 总在改变主意的人
- 拒绝与我们说话的人
- 说我们坏话的人
- 虚伪的人
- 疯子
- 骗子
- 和别人打架的人
- 不听话的人
- 一直在做蠢事的人
- 粗鲁的人
- 让我们蒙羞的人

60. 政治价值观

概念：概念—理想—价值—社会—状态

活动指南

通过学习历史，我们可以感知到，人类在政治、生存以及道德上面临着各种挑战。而正是冲突和挑战，彰显出了我们最核心的价值观。有些价值观是我们所共有的，对我们每个人都很重要，而且是积极的。相反，有些价值观则没那么具有普适性，也没那么重要，甚至是消极的。关键是要厘清哪些价值观对人们更重要。

下面列出了多种作为社会基石的价值观，学生需要选出几个自己认为最重要或最基本的价值观（比如选三个），再选择一些自己认为次要的、没有意义的，甚至有害的价值观（比如选三个），然后论证自己的选择。

实操演练

在你看来，哪些价值观是构建社会最有用、最必不可少的？

- 平等
- 友爱
- 正义
- 真理
- 民主
- 权威
- 进步
- 自由
- 财富
- 幸福
- 合作
- 宽容
- 法治
- 变化
- 教育
- 勇气
- 牺牲
- 工作
- 公民意识
- 谦卑

61. 情感

概念：情感—定性—概念

活动指南

我们总是被不同的情感所驱动，但我们很少意识到或感知到这些情感。这些情感似乎是强加在我们身上的，它们改变着我们的情绪，尤其是当我们不知道这些情感是什么，也分不清的时候。

以下列出的是人的一些欲望或内心感受。学生需要根据描述来为这些感受命名。即使学生对这些情形很熟悉，也可能难以命名这些情感。因此学生可以给每道题多设备选答案，以便后期进行比较与选择。

实操演练

当发生下列情况时，我们会产生什么样的情感？

- 不敢在公共场所说话。
- 无缘无故发脾气。
- 想要打扰别人。
- 想当人生赢家。
- 想要炫耀。
- 总是抱怨。
- 信任他人。
- 一个人待在角落里。
- 总是匆匆忙忙。
- 追思往事。
- 不听别人说话。
- 只关注自己的欲望。
- 不想改变。
- 绝对不愿迟到。
- 注重外表。
- 总跟别人吵架。
- 总想跟别人一样。
- 总想跟别人不一样。

62. 意图

概念：原因—意图—论证—基础—解释

活动指南

我们说话、办事甚至逃避总是出于一定的原因。我们被欲望、信念、需要、恐惧等多种因素推动。但当我们有所行动时，不一定每次都能意识到自己的动机。因此，本练习就是训练我们对不同情境下动机的解读能力。

以下列出的行为，可能受多种动机的激发。学生需要为每一个行为找出一个或多个这样做和不这样做的原因。学生之间可以互相检验对方提出的动机是否合理、有意义，以避免错误论证。

实操演练

一个人可能出于什么样的原因，做或不做下列行为？

- 打断别人
- 遵守法律
- 上学
- 砍树
- 用车
- 生孩子
- 阅读
- 看电视
- 取乐
- 打别人
- 吃东西
- 工作
- 争论
- 说话
- 问问题
- 交朋友
- 嫉妒别人
- 假装

63. 幸福与不幸

概念：幸福—不幸—道德—好—坏

活动指南

无论我们与自己、与他人的关系如何，我们每个人都经历过幸福与不幸，这两者可能同时发生，也可能相继发生。我们经常会将这些感受放在心里，因为我们并不确定产生如此心态的原因。

以下列出了一些行为和情境，学生需要解释在这些情况下感到幸福与不幸福的原因，可以笼统地谈谈，也可以举例论证。

实操演练

解释以下情形是如何引发或表达幸福和不幸福的。

- 学习
- 爱一个人
- 踢足球
- 独处
- 欣赏别人
- 有钱
- 读报纸
- 早晨起床
- 赢得比赛
- 去商店
- 被责骂
- 得到称赞
- 哭
- 说谎
- 接受礼物
- 付出努力

64. 角色

概念：抽象—具体—代表—特殊的—普遍的

活动指南

从小到大，我们听过很多传说和寓言故事。这些故事中的某些人物角色让我们印象非常深刻：我们之所以会不时地想起这些角色，是因为他们是我们自身某种特征的集中体现，是一种普遍的人类原型。

以下列出了来自不同作品、具有不同特质的文学人物。学生需要对他们进行分析，以明晰他们各自所代表的特质。本次练习的难点在于从“叙述”到“元叙述”①，或者说从一个特殊的角色身上发现人类的某种普遍特质，这意味着要弄清这个角色是谁、这个角色所代表的特质是什么，而不仅仅描述他们做了什么事情。

实操演练

下列每个角色分别代表了什么（某种品质、缺陷或别的东西）？②

- 愚公
- 丑小鸭
- 夸父
- 白雪公主
- 女巫
- 哈利 · 波特
- 丁丁（《丁丁历险记》中的主人公）/哪吒

---

① 译者注：“叙述”（narrative）与“元叙述”（metanarrative），“narrative”的意思是叙述一个故事，其特点是讲述（一种沟通的方式）；“meta”在希腊语中是“超越”的意思，因此“元叙述”的字面意思是“超越讲述的沟通”。元叙述多出现在批判理论中，尤其是后现代主义中的元叙述，是一种关于历史意义、经验或知识的叙述，它通过预期完成一个主要思想，为社会提供合法性。

② 译者对这些角色做了一些改动，希望适合中国孩子的文化背景。原人物为奥德修斯、赫拉克勒斯、普罗米修斯、安德烈 · 弗朗坎、坏小子迪德夫、卢克 · 天行者、黑暗尊主、莉亚公主、机动人。

- 猫和老鼠
- 阿道克船长/阿里巴巴
- 葫芦娃
- 狮子王
- 朵拉
- 匹诺曹
- 孙悟空
- 唐僧
- 白骨精
- 拇指姑娘
- 蜘蛛侠
- 芭比娃娃
- 花木兰

65. 说谎的理由

概念：谎言—真相—关联性—目的

活动指南

我们一直生活在真实与谎言中，我们也一直在探寻各种真相。生活中这两种概念有时交织在一起，有时相互独立。有时我们看到的“证据”所指向的也不一定是真相。因此，探索说谎的动机能帮助我们判断说谎行为的道德价值。

以下列出了一些说谎的理由。一方面，学生需要判断每一个理由是好是坏、是否合理，或者在什么情况下是好的或是坏的；另一方面，学生需要判断，因为这样的原因而说谎的话，是真的说谎吗？还是其他一些行为？请学生命名这一行为。

实操演练

为这个理由而不说真话，是好还是坏？这样是说谎吗？还是别的什么行为？

- 为了不伤害他人
- 因为无知
- 为了省时间
- 为了得到一些东西
- 因为它不漂亮
- 为了不害怕
- 当我们害怕时
- 为了不去触怒别人
- 当我们做了蠢事的时候
- 为了保持我们的幻想
- 当我们害怕不被理解时
- 当我们确定自己没有被理解时
- 因为很难说
- 当我们想要被爱时
- 当有人给你一件礼物时
- 为了表示对说话者的尊重
- 为了取悦他人
- 因为羞愧
- 因为这只关系到我一个人
- 为了惹恼别人

- 因为另一个实在太小了
- 当我们不确定时
- 因为它是一个秘密
- 因为一切都应该被解释清楚
- 因为时机不对
- 为了保护我们自己
- 因为不是恰当的地点
- 当与我们谈话的人生病时

66. 多义性

概念：多义—证据—文字—比喻

活动指南

生活中有许多词都是一词多义。有时，理解上的困难也是因为词义的多样性。因此，对一词多义的研究有助于我们更好地理解。

以下列出了一些多义词，每个词至少有两种含义。学生需要尝试通过下定义的方式，来尽可能地确定一个词的不同含义。注意，不要使用词典。

实操演练

说出下列每个多义词的至少两种含义。

- 负责任
- 学生
- 学校
- 主人
- 问题
- 法律
- 明智
- 倾听
- 回答
- 质疑
- 责任
- 教训
- 工作
- 办公室
- 董事会
- 吹
- 抄
- 尊重

在中国文化背景下，说说下列每个多义词的至少两种含义。

- 门槛
- 结果
- 包袱
- 意思
- 东西
- 大方
- 单薄
- 骄傲
- 新鲜
- 皮毛
- 疙瘩
- 墨水
- 厉害
- 制服
- 灯红酒绿
- 苹果
- 水分
- 老古董

67. 动物：道德难题

概念：动物—人类—道德—判断

活动指南

道德问题不仅仅存在于人与人之间，在某种程度上也存在于人类与其他生物、人类与自然之间。然而，我们人类与动物的关系是非常复杂的，因为我们每个人对动物的看法都不同，而且不同动物与人类的关系也不同。

以下列出了当人与动物处于不同关系状态时产生的一些问题。学生需要尽可能地理解下列状况，知晓每种情况可能存在的风险，然后回答问题。教师也要确保大家不仅仅用“因为这样是不对的”或“因为我们这样做是对的”等笼统的理由来论证。

实操演练

仔细阅读所描述的情况，给出答案并加以论证。

- 现在有一种致命疾病，很多身患此病的人痛苦不堪，为了让病患从重病中康复，科学家必须对老鼠进行痛苦的实验。请问，有必要进行这个实验吗？
- 一个又老又穷的女人与她的狗相依为命。她无法很好地喂养这只狗，导致这只狗非常消瘦，毛发质量也很差，但是它似乎很喜欢它的主人。请问，在这种情况下，我们必须把它从主人身边带走吗？
- 彼得收养了一只小猫，他希望它快乐。宠物医院建议给这只猫做绝育手术。请问，他必须做吗？
- 弗兰斯的猫喜欢在附近的花园里散步。但它的行为让邻居们很生气，他们让弗兰斯把猫锁在家里。一个邻居说，如果再让他看见这只猫在自己家尿尿，就会杀了这只猫。请问，弗兰斯必须把猫锁在屋子里吗？

- 艾米拉有一只狗。她需要给这只狗文身以防狗走失。但是艾米拉并不愿意这样做，因为她感觉在狗的耳朵上纹一串数字是对狗的侮辱。请问，艾米拉是对的吗？
- 凯文看到自己的猫抓了一只鸟，这只鸟还活着。请问，凯文是否应该放了这只鸟？
- 玛丽的拉布拉多（一种大型犬）狗狗被车撞了。它虽然没死，但是后腿瘫痪了。玛丽的父母想把它安乐死。请问，玛丽必须听从父母的吗？
- 盖瑞的父母送了他一只仓鼠。几个月之后，盖瑞就没有好好照料仓鼠了，可他仍想把仓鼠留下。请问，他的父母应该让盖瑞留下这只仓鼠吗？
- 罗格先生一直认真打理家中的草坪并且引以为傲。但是最近一只鼹鼠入侵了他家的花园，还在草坪上挖了好多很丑的小洞。请问，罗格先生可以因此杀了这只鼹鼠吗？
- 乔丹太太刚刚去世，她没有孩子，她把自己的财产留给了她的许多只小狗。而她的那些遇到了严重经济问题的侄子们，想向法院上诉分得姑姑的遗产。请问，他们这样做对吗？
- 当人们修建一条公路的时候，他们意识到这条公路将要穿过一个池塘，那个池塘是许多稀有青蛙的繁殖地。如果绕过池塘修路的话会多花很多钱。请问，他们是否要按照原来的计划修路？
- 玛蒂尔达的笼子里有一只金丝雀。她想要打开笼子让金丝雀去它想去的地方。但是她的母亲告诉她，打开笼子的话，这只金丝雀会飞到外面，并且可能会迷路。请问，她必须打开笼子吗？
- 山里有几只狼。这些狼会猎杀成群的羊。牧民们为了保护自己家的羊，想要得到杀死这些狼的许可。请问，他们应该得到许可吗？
- 一个人有只身上长虱子的狗。他不想用杀虫剂来喷自己的狗，因为他不想杀生（虱子）。但是这些虱子让他的狗生病了。请问，我们是否应该强迫他给他的狗喷杀虫剂呢？
- 朱丽叶来到马戏团看表演，但是一些示威者要求公众抵制演出，不看动物表演就能防止动物在训练中被虐待。他们认为马戏团训练动物的方式是在侮辱动物。请问，朱丽叶是否还应该进去看节目？

- 每天都有一个人来公园喂鸽子。因为他，公园里的鸽子越来越多。许多人抱怨鸽子带来了噪音和垃圾。请问，这个人是否应该停止继续喂食？
- 一只狗咬了一个残疾人。受害者起诉了狗的主人，因为狗主人之前告诉过他自己的狗从来不咬人。请问，法官应该谴责狗的主人吗？

68. 价值转变

概念：好—坏—解释—感觉

活动指南

好与坏是不断变化的概念，这种变化比我们想象的更频繁。虽然我们仍然用非常专断的方式来评判好与坏，但其实好与坏经常相伴而行、相互交融，而且非常容易相互转化。因此，当我们思考的时候，需要不时地提醒自己，事物既存在好的一面，也存在不好的一面，这叫作价值转变①。

本次练习列出的所有事物，都可以从积极和消极两个方面来思考。尽管一般来说，人们总是倾向于从一种角度来考虑。学生需要找到并解释这一事物的积极和消极方面是如何转换的或是如何同时存在的。本次练习的目的就是帮助学生学会用全面的视角来判断好与坏。

实操演练

说出每样事物被归为“好”的理由和“坏”的理由。论证你的理由。

- 锤子
- 善意
- 人类
- 钢笔
- 食物
- 权力
- 树
- 衣服
- 宇宙
- 疼痛
- 学校
- 汽车
- 电视
- 书籍
- 朋友
- 家庭
- 思考
- 感觉
- 帮助
- 医学
- 快乐

---

① 译者注：价值转变（Transvaluation of Values）是来自尼采的哲学概念。

69. 解读

概念：解读—歧义—正面—负面

活动指南

解读是人际交往过程的重要内容。要理解他人，首先要解读他们的话，即将他们的话转换成我们自己的语言。然而，一个想法可以有很多种不同的解读方式，有时这些解读会与原意完全相反。因此，意识到语言存在模糊性这一性质，就非常重要了。

以下列出了一系列的简单句，每一句都可以有不同的理解。学生需要说出每句话的两种截然不同的意思，以理解在解读别人语言的过程中会出现歧义的现象。最简单的方式是，先从积极的方面解读，再从消极的方面解读。

实操演练

仔细阅读下列每个句子，试着为每个句子解读出两种不同的，甚至完全相反的意思。

- 我喜欢你。
- 我不是那个意思。
- 这食物很好。
- 彼得是一个很好的人。
- 卡斯珀是一个诗人。
- 西尔维娅很乐观。
- 朱丽叶是一个可爱的姑娘。
- 塞万斯特是一个固执的人。
- 蕾拉总是有话要说。
- 劳拉很奇怪。
- 瓦拉是一个可怜的家伙。
- 娜奥米是一个好女孩。
- 这幅画真令人惊讶。
- 这本书不好笑。
- 这是一个有趣的旅程。
- 有必要讨论它。
- 这音乐让我犯困。
- 你的问题让我难堪。
- 这门课很有趣。
- 我们又来了。
- 我思故我在。
- 内心中有个自己不知道的理由。
- 我知道自己什么都不知道。

70. 反义词

概念：反义词—相反—差异—标准

活动指南

一个词，通常有自己的反义词，甚至有好几个反义词。围绕这个词的某一特征，就可以找到这个词的反义词。以“房子”为例：根据其具有固定性这一特征，那么“帐篷”因为具有可移动性便是其反义词；因为房子里住的是居民，那么“马厩”也可以是房子的反义词。为一个词找到反义词的过程，就是发现这个词的某个特征、赋予这个词某种意义的过程。

以下列出了许多不同类型的词。学生需要根据这个词的不同特征，为其找到两到三个反义词，这些反义词可以帮助我们认识到这个词的多种特质。

实操演练

为下列词语找出两到三个反义词，然后讨论是从初始词语所具有的何种特征出发找到的反义词。

- 男人
- 土地
- 上帝
- 工作
- 木头
- 发明
- 走路
- 停止
- 问题
- 想法
- 思考
- 法国人
- 想要
- 学习
- 倾听
- 起飞
- 有利的
- 松开
- 整体
- 打破
- 无关紧要

71. 人类的天性

概念：天性—自然的—人类—重要的—次要的

活动指南

人类的天性复杂且多面。想要定义人的天性十分困难，因为需要将人类的天性与后天文化所赋予的人的特性区分开来。因此，到目前为止，我们依然可以否认人类天性的存在。然而，对人类存在的各个方面进行反思，并分析这些是否符合人类天性，是有趣而有意义的。

实操演练

下列情形中，你认为哪些是符合人类天性的，哪些是不符合人类天性的，并论证你的判断。你也可以认为这一情形既符合人类天性，又不符合人类天性，请说明在何种情况下它符合，在何种情况下不符合。最后，请按照最重要到最不重要，将这些情形排序。

这符合人类天性吗？

- 吃东西
- 生病
- 生气
- 工作
- 上学
- 遵守法律
- 服从父母
- 做事讲道德
- 生孩子
- 思考
- 有父母
- 有双手双脚
- 死
- 争论
- 嫉妒别人
- 害怕
- 想要创造
- 被爱
- 去爱
- 爱对方
- 模仿别人

72. 尊重

概念：尊重—判断—负责任

活动指南

“尊重”是一个我们经常使用的词语，尤其是当我们需要从别人那里得到尊重，或者批评别人不尊重人时。正因为我们对它太过熟悉，所以这个词的边界已经不那么清晰，也不那么具有力量了。因此，本次练习将通过分析案例来反思尊重的重要性。

以下列出的情景中，有些学生可能会认为情景中的人物已经表现出了不尊重。学生需要判断是否的确存在不尊重的现象，并论证自己的判断。当然，学生需要首先指出哪个人物是不尊重人的。在练习结束后，学生可以尝试定义何为尊重。

实操演练

下列情景中，你看到不尊重了吗？论证你的观点。

- 玛瑞安批评了朱丽叶听的歌曲。
- 因为安东尼撞了彼得，所以彼得管安东尼叫傻子。
- 曾经有人错怪玛蒂尔达说她作弊，所以她回敬人家：“垃圾！”
- 西尔维娅的父亲不小心重重地踩了她一脚，她喊道：“讨厌！”
- 玛格丽写给她祖母的信中有很多错别字。
- 朱尔捡到了他邻居的钱包，但没有还给人家。
- 朱尔趁邻居不注意时偷了他的钱包。
- 史蒂芬穿着脏衣服来上课。
- 乔治没有做西班牙语作业，因为他对这门课不感兴趣。
- 利亚假装没有听见奥利维亚的话。
- 马瑞指责自己的父母不尊重自己。

- 尽管卡罗拉对保罗说自己爱保罗，但保罗却拒绝承认自己对卡罗拉的爱。
- 合唱老师说全班同学唱得难听极了，应该好好努力。
- 彼得对他妈妈说，因为她撒谎了，所以她应该为全家擦鞋。
- 约瑟夫拒绝祝他妹妹生日快乐。
- 塞万斯特决定成为素食主义者，并强迫他妈妈单独为他做素食。

73. 尊重概念区分

概念：区别—概念—尊重

活动指南

界定概念的方法之一，就是先将其与具有相似性的概念集合起来，然后再进行区分。我们经常会混淆看起来相似，实则差别巨大的概念。通过比较同类概念之间的差异，我们可以澄清概念的含义。

为了找到同类概念之间的差异，需要避免用“更多”或“更少”来形容两者之间的差异，应该要找到其中一个概念有、另一个概念没有的特性。

以下列出的一些概念，都与“尊重”这一概念相似。学生需要将下列每一个概念与“尊重”这一概念区分开来，换句话说，学生需解释两个概念之间的差异。

实操演练

找到“尊重”和下列概念之间的相似与不同之处。

- 撒谎
- 礼貌
- 善良
- 不信任
- 恐惧
- 虚伪
- 操纵
- 友谊
- 服从
- 冷漠
- 冷静
- 模仿别人
- 害羞
- 真诚
- 宽容
- 智慧

三

儿童哲学思考练习

（三）高阶练习

74. 目的与手段

概念：目的—手段—原因

活动指南

有时我们并不清楚自己某些行为的原因。无论是明晰我们行动的目的、评价某一行为，还是区分行为的手段和目的，都不是容易的事。然而，这样的分析却能让我们更理解自己和他人。但有时候，我们还会错把目的当手段、手段当目的。

以下每句话都以不同的形式呈现出目的与手段之间的关系。学生需要对每句话进行思考，首先判断这句话是否合理，然后思考这句话是否包含了目的与手段，最后判断其目的与手段是否颠倒了以及能否颠倒。

实操演练

下列句子呈现出了行为的目的与手段。对于每句话，我们首先需要判断这句话是否合理；然后明确这句话中的目的与手段分别是什么；最后判断这句话中的目的和手段是否颠倒了、是否需要颠倒回来，如果没有颠倒的话，是否可以颠倒。

- 我去学校是为了坐公共汽车。
- 我吃东西是为了使用叉子。
- 为了使用叉子，我打开了抽屉。
- 为了举起胳膊，我抓住了球。
- 我妈妈给我打了电话，我就来了。
- 为了玩，我有了朋友。
- 我很善良，因为我有朋友。
- 当某人送礼物给他朋友时，他是幸福的。
- 我为了出去，所以去散步。
- 我吃东西是为了不生病。
- 当我感觉不错的时候会吃东西。
- 我想有人爱我，之后我就是善良的。
- 我玩游戏是为了邀请我的朋友们。
- 我取得好成绩是为了让父母高兴。
- 我工作是因为我成绩好。
- 我们为了去购物而乘汽车。

75. 解释隐喻

概念：本体—喻体

活动指南

对隐喻的解读能帮助我们通过语言理解思维表达。找到隐喻所隐藏的含义并不是学生天生就具备的能力，特别是当他们已经发现解读隐喻的困难之后。因此，我们可以从解释一些短句开始，激发学生对破译隐喻的兴趣，慢慢学习如何将这些隐喻转换成直白的语言，换句话说，就是概念化。

首先，学生需要思考下列每个句子的含义，然后模仿这句话造出短句。之后，大家需要大声、清晰地朗读所造的短句，进行口头比较，并根据有没有正确模仿、所造的句子是否精练，来选出最合适的仿句。

实操演练

思考下列句子的含义，并仿句。

- 你是我的甜心。
- 夏天的清晨会唱歌。
- 你觉得他的屁股着火了。
- 我弟弟认为他是一个警察。
- 她的脑袋就像块鹅卵石。
- 你是我生命中的阳光。
- 树木与我们交谈。
- 她不是在说话，而是在像狗一样狂叫。
- 雪中送炭。
- 不要冷眼旁观。
- 这是压倒骆驼的最后一根稻草。
- 与某人斗气。
- 给某人撑腰。
- 靠自己的汗水谋生。
- 只见树木，不见森林。
- 狼般哭泣。
- 撬开坚硬的坚果。
- 入虎穴。
- 横冲直撞。
- 一石二鸟。
- 我把它装在袋子里了。

76. 相信或不相信

概念：相信—怀疑—了解—猜测

活动指南

大部分的学校和家庭并不鼓励孩子对某个人或者对某些言论进行批判性思考，也不鼓励学生做出有根据的判断，因此学生大多依靠主观推断或所谓的“第六感”来进行判断。在什么样的情况下，我们可以相信别人告诉我们的话？我们需要经过长期的细致练习，才能正确地评价别人的话是否可信。这就是我们所说的“批判性分析”，即对我们自己和他人的言论做出有根据的判断。

要完成本次练习，首先需要理解这些未经证实的话的意思，并找出这些话可能存在的漏洞。因此，本次练习的关键不是立刻表明自己是否相信这句话，而是评价这句话并且论证自己的评价是正确的。在练习过程中，说出自己相信或者不相信这句话的理由，这样既有趣又很有意义。

实操演练

你会相信吗？

- 你的父亲告诉你，狗对他说话了。
- 你的祖父告诉你，他最喜欢的球队肯定会赢得下一个比赛。
- 你的母亲告诉你，你喜欢的音乐并不好听。
- 你的祖母告诉你，你吃的东西不利于你的健康。
- 你的哥哥告诉你，你的老师不知道如何教课。
- 科学家告诉你，月球上有大象。
- 你的老师告诉你，后天不上课。
- 你的朋友告诉你，你是她最好的朋友。

- 你阿姨告诉你，她太老了，不想再改变了。
- 一个陌生人告诉你，他会开车送你去动物园。
- 一个孩子告诉你，他长大会成为总统。
- 一个孩子告诉你，他以后会有三个孩子。
- 星座告诉你，明天会发生什么。
- 天气预报告诉你，明天会是什么天气。
- 一个不会看时间的孩子告诉你，现在是几点。
- 一个成年人告诉你，圣诞老人是存在的。
- 一位推销员告诉你，在他的店里买什么好。
- 一个假装能猜透你想法的人。
- 你妈妈告诉你，你很厚脸皮。
- 医生告诉你，你必须动手术。
- 宣布世界末日的报纸。
- 电影明星告诉你，哪一辆车是最好的。
- 电影明星告诉你，使用哪种香水。

77. 评估论据　概念：论据

活动指南

为了让人们接受我们的言行，我们会用很多论据来为自己辩护。然而，虽然提出论据的目的是论证自己的观点，但是有些论据却并不合适：有的不合理，有的甚至很荒谬，有的是错误的，有的则与论点毫无关系。

在本次练习中，学生需要对每句话进行分析，评估所给出的论据能否有效地支持论点。如果学生能在分析句子的意思之后，给出一定的上下文语境，也许会发现某些句子是说得通的。例如，单从字面上理解，我们无法判断“我吃东西是因为铃响了”这句话是否合理。但是如果我们知道只有在进餐时间才会打铃，那么这个句子就是合理的。

实操演练

这是个好的论据吗？

- 我吃东西是因为一个朋友有一些巧克力。
- 我吃东西是因为今天是星期一。
- 我吃东西是因为铃响了。
- 我吃东西是因为别人让我吃的。
- 我吃东西是因为不想死。
- 我吃东西是因为鹅卵石太硬了。
- 我吃东西是因为我母亲在那里。
- 我吃东西是因为食物里没有肉。
- 我吃东西是因为我没有什么其他的事要做。
- 我吃东西是因为我在我奶奶的房子里。
- 我吃东西是因为别人都吃了。
- 我吃东西是因为天气很好。
- 我吃东西是因为它很好吃。
- 我吃东西是因为没人了。
- 我吃东西是因为我累了。
- 我吃东西是因为我想吃。

78. 可能与不可能

概念：可能—不可能—必然—大概

活动指南

要判断事件发生的概率并不容易，日常事件的概率通常可分为以下四种：不可能：不会存在或发生的事物。可能：可以存在或发生的事物。必然或必要：一定会发生或存在的事物。很可能：应该存在或发生的事物。本次练习的重点是要意识到这些概念之间的区别。

以下列出了一些情况、言论、预言或推断，学生需要判断它们发生的概率，即选用四个词中的一个来描述事件发生的可能性，并给出理由。结论是否正确取决于论证的理由。因为我们对观点和理由之间的联系更感兴趣，而不仅仅是一个答案，即使这些答案非常符合逻辑和常识以至于会让人立即赞同。

实操演练

下列事件是可能、不可能、一定还是很可能发生？

- 明天周四，我上学。
- 明天周日，我上学。
- 我做这个作业的时候，在学校。
- 我中了彩票。
- 我一张彩票都没买，我中奖了。
- 我有所有彩票，我中奖了。
- 我有大部分彩票，我中奖了。
- 我不知道彩票是什么，我中奖了。
- 正方形的四条边相等。
- 火星人登陆地球。
- 每个孩子都有爸爸妈妈。
- 每个人都有双手双脚。
- 学习数学是很重要的。
- 我们只有呼吸才能活着。
- 我们只有学习才能找个好工作。
- 如果犯罪，就会入狱。

79. 成长

概念：成长—证据—多义性—同义词

活动指南

对于孩子来说，成长是个难题，意义重大并且有一系列连锁反应。而“成长”这个词本身有丰富多样的意义和内涵。对孩子来说成长意味着身体会长高，能力得到提升，心理变得成熟，也意味着出现新的问题，承担更多的责任。

以下列出了一些我们正在成长的证据。学生需要对此逐个分析，并解释“成长”这个词在这句话中的具体内涵。尽可能找到与“成长”的这一内涵意思相近的词来表达。注意，尽量避免重复使用同一个词。

实操演练

以下列出了一些成长的证据。请说出“成长”在这句话中的具体含义，从而区分成长的不同内涵。

- 我可以够得着餐具柜上的盘子。
- 我可以打开冰箱的门。
- 我升到新的年级了。
- 不用人指导我，我就能自己洗澡。
- 我想用电脑的时候就用。
- 我几乎不跟人吵架了。
- 我能在泳池游个来回。
- 我有更多的家庭作业。
- 我理解新闻上所说的内容。
- 我知道我想做什么工作。
- 我不跟我的泰迪熊一起睡觉了。
- 我有男朋友了。
- 今天是我的生日。
- 我受到的斥责变少了。
- 我受到的斥责变多了。
- 我不喜欢我的老磁带了。
- 我经常做家务了。
- 我自己去面包房买面包。
- 我会在夜里醒来。

80. 本质与表象

概念：本质—表象—真实的—虚假的—怀疑

活动指南

表象帮助我们知晓现实中事物存在的形象。然而，经验告诉我们，表象并不总是值得信赖的。我们总是被不同原因、不同形式的表象蒙蔽。对表象与本质之间的不一致做出不同解释，是一件很有趣的事。

以下列出了许多关于事实与表象的问题。学生需要提出各种各样的假设来解释为何会出现“假象”。要做到这一点，关键是要确保学生能够言之有理、言之有物，给出理由并进行比较。

实操演练

回答这些关于真相与表象的问题，并论证你的答案。

- 是否可能一个人看起来像陌生人，但实际上不是陌生人？
- 是否可能一个人看上去很友善，但实际上不友善？
- 是否可能一个人看上去很自大，但实际上不自大？
- 是否可能有老师看上去很严厉，但实际上并不严厉？
- 是否可能一个东西看起来像另外一个东西，但实际上不是另一个东西？
- 虚假的东西能存在吗？
- 是否可能有人误认为某些人反对自己？
- 是否可能一个人想知道些什么，但实际上并不知道？
- 如何辨别假的圣诞老人？
- 是否可能一个人会错误地害怕？
- 是否可能一个人会错误地依赖？
- 是否可能有一种东西看起来好吃，但实际上有害？
- 是否可能我误解了我自己？
- 一个人能相信自己所看到的吗？
- 一个人会被当成是别人吗？

81. 逻辑

概念：逻辑—证据

活动指南

我们每天所说的、所听到的，不一定总是有逻辑的。有时我们判断事物的根据是直觉而非逻辑。但是如果抓住了一段话中的逻辑，就能够帮助我们了解到这一命题是由上一命题推出来的，也就是我们所说的“推理”。逻辑的艺术主要是检查推理中存在的错误，从而进行正确的、更充分的推理。

以下列出了一些存在因果关系的句子。学生需要判断推论是否正确，如果认为不正确的话，需要指出问题所在。在本次练习中，教师不要提前备课或准备好答案，而应该和学生一起同步练习，一起沿着个人和集体思考的脉络去挑战讨论过程中出现的不确定性。

实操演练

判断下列句子是否符合逻辑，并解释原因，特别是当它们不合逻辑的时候。

- 爸爸不在家，所以他一定在花园里。
- 这个数不是偶数，它一定是奇数。
- 如果 2 加 2 得 5，那么 4 加 4 就得 10。
- 如果前天我看见一只狗，昨天我看见两只狗，今天我看见三只狗，明天我将看到四只狗。
- 如果我妈妈在吃奶酪，我爸爸就在吃蛋糕。
- 如果蜘蛛侠是人类，那么有一天他会死。
- 所有不是绿色的东西都是黄色的。
- 所有的鸟都有翅膀，那么有翅膀的动物都是鸟。

- 燕子会飞，而燕子是鸟，所以所有的鸟都会飞。
- 我认识的所有叫保罗的人都喜欢吃冰激凌，因此所有叫这个名字的人都喜欢冰激凌。
- 如果唯一能产卵的动物是鸟类，那么所有产卵的动物都是鸟类。
- 所有的男孩都喜欢足球，那么所有喜欢足球的人都是男孩。
- 她不在那里，所以我没有看见她。
- 我没有看见她，所以她不在这儿。
- 她对我不友善，所以我对她也不友善。
- 他不喜欢学习，所以他是个坏学生。

82. 识别意图

概念：原因—起源—解释—假设

活动指南

当我们遇到困难时，我们总会通过问自己问题来找到症结所在。但有些困难，没有必要等到遇到了再去想如何解决。当困难出现时，我们可能会非常吃惊，并会有一系列的疑问：现在怎么了？发生了什么？本来应该发生什么？但是，任何问题的出现都不会是无源之水：它不是毫无由来的，一定有它发生的原因。

以下列出了一些很常见的问题。学生需要设想三个提出这个问题的理由。注意，要避免学生针对不同的问题给出相同的理由。大家可以集体评价理由是否合理，是否有创意。

实操演练

设想出某人问以下问题的三个不同理由：

- 今天是周一吗？
- 冰箱里的这个东西是什么？
- 为什么人们如此刻薄？
- 必须要上学吗？
- 为什么我们必须要服从？
- 你为什么这么说？
- 你爱我吗？
- 你要和我一起来吗？
- 你要去哪里？
- 你过得如何？
- 你在做什么？
- 你怎么知道的？
- 谁告诉你的？
- 你满意了吗？
- 这怎么可能呢？
- 你讨厌我吗？

83. 现实

概念：现实的—表象—存在—真实的—虚假的—虚构的

活动指南

现实是一个很难理解的概念。从现在非常普遍的经验主义的观点来看，只有物质的实体才是真实的。那么，象征性的、隐喻的和心理的现实是现实吗？而且，想象有时也会参与到现实中。这就引出了一个问题：什么是现实？

以下列出了一些元素，包括了实物、想法、言语、感受等，而它们与现实之间存在一些矛盾之处。因此，我们要确定它们是否是真实的。

实操演练

下列元素都可以被认为是真实的，也可以被认为是不真实的。请学生首先认定它是真实的，并加以论证；再认定它不是真实的，并进行论证。

- 一个童话故事
- 一瓶装满水的葡萄酒
- 我的身份证照片
- 我在镜子里的形象
- 法兰西共和国
- 恺撒大帝
- 我生活中的保守党员
- 一架纸飞机
- 我想要吃东西的欲望
- 哺乳动物
- 一个项目
- 一座路易十四的雕像
- 一个迷你汽车模型
- 我母亲的爱
- 一块巧克力
- 三角形
- 一个梦
- 房子的平面图
- 爱
- 愤怒
- 一个字
- 未来
- 一种冲动
- 逻辑
- 理解
- 天堂
- 班级
- 宇宙
- 一个意见
- 一段音乐
- 无限
- 一个演示
- 一幅画
- 已故的人

84. 象征

概念：象征—意象—隐喻

活动指南

我们通常用象征的方法使一些抽象的事物具体化，这样有利于处理、识别、使用和澄清概念。

以下列出了一些概念，学生需要为下列概念找到一个物体作为象征，并论证自己的选择。如果刚开始的时候，学生觉得练习很难，可以先只用一个理由来论证。

实操演练

哪些物体可以作为下列概念的象征？用一个或多个理由来证明你的选择。

- 荣耀
- 力量
- 智慧
- 友谊
- 权力
- 自由
- 幸福
- 慷慨
- 错误
- 自私
- 死亡
- 工作
- 时间
- 恐惧
- 爱
- 好
- 坏
- 生命

85. 普遍规律

概念：普遍的—个别的—必然—特例—问题

活动指南

我们的思维本能地认同常见的说法、普遍的法则以及普遍规律这些“绝对律令”①，特别是在道德领域。这些原则对我们有帮助，也是必要的。同时，就像每一条先验原则、普遍规律一样，这些原则也面临着僵化的危险，遇见异常或特殊情况无法变通。因此，学习如何正确看待普通规律非常重要，这帮助我们意识到使用普遍规律的界限和合适的方式。

以下列出了一些常见的说法、流传已久的道德禁令或准则。学生需要挨个分析并判断这些说法为什么是错的，或者在什么情况下是错的。因此，学生需要给出理由或证据，或者给出反例，然后从中得出结论。

实操演练

请为下列说法找一个反例。

- 人都是善良的。
- 人都是刻薄的。
- 有必要不相信陌生人。
- 陌生人和我们不一样。
- 女孩和男孩不同。
- 男孩比女孩更强壮。
- 孩子们没有成年人知道得多。
- 有必要遵循规则。
- 在学校学习很有必要。
- 你必须努力工作才能维持生计。
- 那些浪费光阴的人是没用的。
- 家是最好的地方。
- 让别人注意自己是不好的。
- 批评别人的朋友是不好的。
- 与人为善是好的。
- 嘲笑别人是不好的。
- 不要做得过火。

---

① 译者注：“绝对律令”（Categorical Imperatives）是德国哲学家康德在 1785 年出版的《道德形而上学基础》一书中所提出的哲学概念。康德认为，道德完全先天地存在于人的理性之中。只有因基于道德的义务感而做出的行为，方存在道德价值。因心地善良而做出的义举，或是因义务而做出的德行，都不能算作真正有德的行为。道德应当，而且只应当从规律概念中引申演绎而来。

86. 创造意义

概念：理由—论证—关联—意义

活动指南

生活中，我们为了让他人信服我们的话，我们总要证明自己的观点是正确的。但有时，我们也会听到一些毫无根据的或者跳跃式的观点。有时，这种关联性缺乏、逻辑性缺乏我们可以很明显地看出来，但有时却很难发现：可能因为它的确具有迷惑性、欺骗性，也可能因为我们通过自己的猜测脑补了缺失的关联。一旦理解了话语内容，我们就会通过改变语境或者脑补关联的方式，来让这段缺乏逻辑的话变得合理。

以下提供了各种各样“我出去了”的理由。首先，学生需要判断哪些原因是合理的。而对于那些认为不合理的句子，需要找到让它合理的方法，这将会非常有趣。在某些情况下，一些话语的逻辑非常明显，但有些话语却需要读者提供合理的解释。当然，依靠读者给出解释无法弥补这句话本身的问题。

实操演练

以下列出了一些“为什么出去”的理由。

(1) 哪些句子是合理的，哪些句子是不合理的？

(2) 创造一个语境让那些不合理的句子变得合理。

- 因为到了出去的时间，所以我出去了。
- 因为我在外面，所以我出去了。
- 因为我在里面，所以我出去了。
- 因为今天是星期一，所以我出去了。
- 因为狐狸是一种哺乳动物，所以我出去了。
- 因为火星人来了，所以我出去了。

- 因为我妈妈到了，所以我出去了。
- 因为我想出去，所以我出去了。
- 因为我出去了，所以我出去了。
- 因为这是我的命运，所以我出去了。
- 因为我的朋友到我家了，所以我出去了。
- 因为电视是打开的，所以我出去了。
- 因为我有义务出去，所以我出去了。
- 因为老师不愿意出去，所以我出去了。
- 因为我想出去，所以我出去了。
- 因为它已经足够了，所以我出去了。

87. 相信与了解

概念：相信—了解—同义词

活动指南

“相信”这个词被用在不同的语义中。为了揭示“相信”这个概念的多义性，我们建议学生找到不同语境下“相信”的同义词，然后比较这些同义词之间的差异。

以下列出了一些成对出现的短语，学生需要比较“相信”与另一相对应词语之间的区别。本次练习可能会有些困难，因此有两种练习方法可供师生选择。学生可以挑选三到四个自己能解释的进行单独练习，也可以直接以团队的方式合作完成。

实操演练

请试着解释每一项练习中，“相信”与另一相对应词语之间的区别。

- 相信____/了解____
- 相信____存在/知道____存在
- 相信____/对____充满信心
- 相信____存在/承认____存在
- 相信____存在/想象____存在
- 相信____存在/假定____存在
- 相信____/把自己的命运交给____
- 相信____/信赖____
- 相信____存在/被说服____是存在的
- 相信____存在/希望____存在
- 相信____/信任____
- 相信____存在/判断____存在
- 相信____存在/认为____存在

88. 存在的两难困境

概念：判断—两难困境—存在的—影响—后果

活动指南

我们在生活中会面临很多两难的困境，我们也要做出无数的选择：这就是现实。那些两难困境在生活中一次次出现，尽管我们并不希望面临这些选择，但是每个人、每天都面临着两难选择，而我们必须做出抉择才能进一步行动。而且，这些决定比一般的决定更有戏剧性和确定性，因为它影响更大，后果更严重，也更紧迫。

本次练习列出了很多相对经典的两难抉择，有些是常见的、与学生的日常生活密切相关的，有些则是与日常生活关系不大、一般性的。本次练习的关键是做出抉择并证明你的选择是正确的。如果有学生解释说因为缺乏具体的情境，所以要做出决策非常困难，这是可以理解的。但是，学着做出一般性的决策并澄清自己的立场，这本身就是对学生很有帮助的事。教师可以充当临时的法官，对学生的决定进行评价，这会让这个练习变得容易一些。

实操演练

下列两种选择，你会优先选哪个？

- 自救还是救人？
- 听从父母的决定还是听从自己的决定？
- 遵守法律还是听从自己的决定？
- 听从道德的要求还是跟随欲望的指引？
- 采取行动时更多地考虑团体利益还是自己的利益？
- 要有所成就还是花时间享受生活？

- 与死亡对抗还是接受死亡？
- 为了自卫杀人还是躲避战斗？
- 为了你爱的人战斗还是拒绝战斗？
- 改变现实还是改变你的欲望？
- 接受这个世界的样子还是试图改变世界？
- 把自己的想法灌输给别人还是接受别人的想法？
- 铤而走险还是小心翼翼？
- 背叛你的爱人还是背叛你的父母？
- 背叛你的父母还是背叛你的国家？
- 保持自我还是做出改变？
- 勇于冒险还是平静生活？
- 勇于冒险还是等有把握再行动？

89. 道德判断

概念：道德判断—责任—义务—自由

活动指南

人与人之间应该互相帮助。这既是一种道德律令，又是互利互惠的现实保障。这种互相帮助的义务将我们的家庭和社会团体凝聚起来。然而，我们有时并不遵守这一基本原则，因为没有任何限制地绝对遵守某一原则是不可能的。本次练习就在于着重探讨这些限制。

以下列出了一些不帮助别人的原因。学生必须自己判断这些原因是否合理，并论证自己的判断。

实操演练

用“是”或“否”来回答下列问题。

我必须要帮助这样一个人吗？

- 不希望得到我帮助的人。
- 不向我寻求帮助的人。
- 自己不做任何努力的人。
- 亲戚都不帮助她的人。
- 不帮助别人的人。
- 我不认识的人。
- 当我没有时间的时候。
- 看起来很可怕的人。
- 有钱人。
- 没有认识到自己有困难的人。
- 我很难帮助的人。
- 会感到不安的人。
- 害怕我的人。
- 我害怕的人。
- 伤害过我的人。
- 当别人能帮助她时。
- 当我不想帮忙时。
- 当有人制止我帮忙时。

90. 三段论

概念：逻辑—演绎—三段论—合理性

活动指南

逻辑对我们很有帮助，但我们并不总能很好地使用它，因为它太过于冰冷和正式，而且似乎剥夺了我们的自由：通常我们会更喜欢主观地看待问题，而不是依赖于逻辑。多少个世纪以来，哲学家和数学家试图建立一系列伟大的逻辑规则，让人们有所依据，但人们似乎还是更多地依赖于非正式的直觉而不是逻辑。

三段论是由亚里士多德提出的一种经典的逻辑形式，是由两个命题演绎推理出第三个命题。为了使推论有效，必须遵守一些规则。学生需要分析讨论以下列出的三段论推理或者简单的演绎推理，并判断它们是否正确。注意，学生可能会根据内容而不是推理的形式来判断，要注意对学生进行引导。

如果可能的话，可以引导学生发现一些三段论的使用原则，这也是非常有趣且有意义的。

实操演练

判断下列推论是否符合逻辑，并说明理由，特别是你认为不符合逻辑的情况。试着发现一些三段论的使用原则。

- 如果所有的鸟都会飞，鹈鹕也会飞，那么鹈鹕是一种鸟。
- 如果鹈鹕会飞，并且鹈鹕是一种鸟，那么鸟都会飞。
- 如果所有的鸟都会飞，并且鹈鹕是一种鸟，那么鹈鹕会飞。
- 如果有些鸟是鹈鹕，并且鹈鹕会飞，那么有些鸟就会飞。
- 如果有些鸟会飞，那么所有的鸟都会飞。
- 如果所有的鸟都会飞，并且鸟都有翅膀，那么蝙蝠也会飞。

- 如果所有的鸟都会飞，而蝙蝠是一种哺乳动物，那么蝙蝠不会飞。
- 如果蝙蝠会飞，鸟也会飞，那么蝙蝠不是一种鸟。
- 如果只有鸟儿会飞，蝙蝠不是鸟儿，那么蝙蝠也会飞。
- 如果鸟和蝙蝠都会飞，那么蝙蝠不是鸟。
- 如果鸟和蝙蝠都会飞，那么蝙蝠是一种鸟。
- 如果蝙蝠会飞且是一种哺乳动物，那么哺乳动物都会飞。
- 如果蝙蝠会飞且是一种爬行动物，那么一些爬行动物会飞。
- 如果蝙蝠会飞且是一种哺乳动物，那么一些哺乳动物会飞。
- 如果一只鸟有两个翅膀，那么所有的鸟都有两个翅膀。
- 如果鸟是一种会下蛋的动物，那么所有的鸟都下蛋。
- 如果猪会飞，鸭子懒洋洋地待在泥巴里，那肯定是做梦。
- 如果鸡有牙齿并感到愤怒，它们就会咬人。

91. 我们为什么爱

概念：爱—他人—矛盾

活动指南

当某人爱上另一个人时，他并不会好奇自己为什么爱这个人。也就是说，我们常常爱一个人却不明原因。此外，这过程中所体会到的快乐，是爱本身所带来的，还是爱一个人所带来的？爱一个人，是爱这个人的外表，还是爱她的所为？爱一个人，是爱这个人所给予的，还是爱自己期待从她身上得到的？爱是一个让人困惑不解的矛盾体。

以下列出了一些常见的关于爱的矛盾，关乎友情与其他类型的人际关系。下列让你选择的两个选项往往同时存在，但要从中选出唯一的答案。为了使选择不那么困难，可以提醒学生选择是相对的，不是绝对的。

实操演练

从两个理由中选择其中一个，并解释你的选择。

你会因为什么而喜欢一个人？

- 因为就是喜欢，还是因为一些具体的原因？
- 因为她就在你身边，还是因为你不经常见到她？
- 因为她与你有很多差异，还是因为她和你有很多共同点？
- 因为她帮助你，还是因为你可以帮助她？
- 因为她愿意和你说话，还是因为她愿意听你说话？
- 因为她爱你，还是因为你爱她？
- 因为她的外表，还是因为她的内心？
- 因为她的言谈，还是因为她的举止？
- 因为她善于言辞，还是因为她很诚实？

- 因为她的善良，还是因为她的勇气？
- 因为每个人都喜欢她，还是因为她的独立？
- 因为她的与众不同，还是因为她的不做作？
- 因为她对你特别感兴趣，还是因为她和你亲近的人相处融洽？
- 因为你喜欢和她在一起，还是因为她总是做你希望她做的事？
- 因为她的慷慨，还是因为她的认真？
- 因为她很有趣，还是因为她很安静？
- 因为爱她，还是因为爱被她所爱？

92. 道德　概念：道德—哲学

活动指南

拉·封丹[1]所写的每一则寓言故事都传递、论证和说明了一个伦理的、实践的或存在主义性质的哲理。人们根据这些寓言归纳总结了许多与道德有关的句子，而这些句子无论对错，已经成为我们常用的话语，成为所谓的民间智慧。

以下列出了一些《拉·封丹寓言》中的道德训诫，有的是书上的原句，有的则演化为我们现在常用的语言。学生需要选出五句对他们生活有帮助的话，并通过举例和分析来论证自己的选择；然后再选出五句自己不认同的话，并分析论证。

实操演练

选出五句对你的生活有帮助的警句，然后通过举例和分析来论证你的选择；选出五句你不同意的警句，然后通过举例和分析来论证你的选择。

- 千里之行，始于足下。
- 君子性非异也，善假于物也。
- 工作是一种财富。
- 问题总是纷至沓来。

---

① 译者注：让·德·拉·封丹（Jean de La Fontaine，1621—1695 年），法国古典文学的代表作家之一，寓言诗人。后人将他的作品整理为《拉·封丹寓言》，这些寓言大多取材于古希腊、罗马和印度的寓言，以及中世纪和十七世纪的民间故事，并且经过拉·封丹的革新，生动地反映了十七世纪的法国社会生活。我们所耳熟能详的寓言故事《乌鸦与狐狸》便来自《拉·封丹寓言》。

- 道不同不相为谋。
- 今日事今日毕。
- 没有自由，再有钱也没有意义。
- 阿谀奉承的人正是靠听信谗言的人活命。
- 好死不如赖活着。
- 欺人者必被欺。
- 我们总是后悔帮助过恶人。
- 鸡蛋未孵出，先别数小鸡——别太早打如意算盘。
- 即使战斗结束了，我们还是要小心警惕。
- 害人就会害己。
- 没有什么比无知的朋友更危险；而一个聪明的敌人则更好。
- 对待官员应该说好听的谎言，那么你将成为他们的朋友。
- 人们对真理漠不关心，他们更关心谎言。
- 人总想要拥有一切，明智的做法是让他们有选择权，但只提供一个好的选择。
- 饿汉易怒。
- 聪明人做事有时靠直觉。
- 爱是盲目的。

93. 逻辑分析

概念：逻辑—推理—批判—论据—例外——般—必然—很可能—有可能

活动指南

真理不仅是先验地存在着的，也是建构起来的。这意味着，要通过考察整体才能判断真假。重要的是，要考察每一步是否都是由前一步经过合理推理而得出的，是否形成了一个具有相关性的整体。

以下列出一系列经典的逻辑推理题，每一句话的结论都是从一个或几个前提推理得出的。学生需要检查整句话，判断结论是否由前提所推出，并论证自己的判断。如果班级里对同一问题有不同的看法，那么可以集体讨论决定哪个答案更合适以及为什么这个答案更合适，这一过程会非常有趣且有意义。教师应避免判断结论是否合理，而不插手的过程会带来很多的惊喜。

实操演练

你认为下列推测的结论符合逻辑吗？

- 如果商贩所有的苹果都是红色的，而他随机给了我一个苹果，那么这个苹果肯定也是红色的。
- 如果保罗不在学校，那么他肯定在家。
- 如果我妈妈前天给了我一块钱，昨天给了我两块钱，今天给了我四块钱，那么明天她将给我八块钱。
- 如果所有的昆虫都会飞，蜻蜓是一只昆虫，那么它也会飞。
- 如果在商店里偷东西的男孩比女孩多，那么偷东西的男孩比女孩更多。
- 如果戴帽子的人是火星人，而布莱恩戴帽子，那么布莱恩就是一个火星人。

- 如果所有法国人讲法语，朱丽叶讲法语，那么她就是法国人。
- 如果有人告诉我李维斯比巴什尔早到学校，那么我推断巴什尔已经到学校了。
- 有人告诉我，孩子们每天都去上学，那么我推断他们星期天也去上学。
- 山中无老虎，猴子称霸王。那么，当猴子出来称王的时候，老虎一定不在。
- 彼得告诉我他是一个骗子。我不相信他，因为他是一个骗子。
- 如果一些鸟不会飞，母鸡也不会飞，那么它可能是一种鸟。
- 如果母鸡是唯一不会飞的鸟，兔子不是一种鸟，那么兔子不会飞。
- 阿力每次就算生病，也会去学校。今天他不在，我推断他病了。
- 女孩总是做傻事。如果阿曼做了件傻事，那么他就是一个女孩。
- 在课堂上禁止打扰别人。那么教师也没有权利去打扰一个学生。

94. 道德上的两难

概念：好—坏—公平—不公平—道德—伦理

活动指南

好与坏往往相互矛盾又相互纠缠。在同一时间内，我们可能既在做着好事又在做着坏事，二者如影随形，不可分割。所以，要评价好坏，重点是要对某一情况的各个方面、各个细节进行分析，从而评估其各个组成部分与各个维度，然后做出适当的判断。

以下列出的多种情况，学生需要逐个分解并分析，理解每种情况的不同侧面，最终回答每道题所问的问题并做出判断。学生必须有明确的立场，并论证自己的答案。最后，学生之间可以互相比较答案。

实操演练

在下列情况中，你会如何决定？解释原因。

- 我看到我最讨厌的敌人偷了我最好朋友的钱。我知道他之前受过处分，并且如果我揭发了他的行为，他就会被学校开除。我应该揭发他吗？
- 瑞德爱上了玛丽。玛丽向我坦白她不爱他，但是她可以利用这种机会让瑞德给她买礼物。我应该告诉瑞德实情吗？
- 有人向你推销一种魔法，能让你每次考试都得高分，即使你并没有学会或者并不理解。你应该买吗？
- 妈妈命令我们不能在她不在的时候上网。我和哥哥偷偷上网了，当妈妈下班回家发现有人上网了，她指责了哥哥并且罚他一个月不能上网。我也要向妈妈坦白吗？
- 老师告诉我们不要打断别人，但是她却经常打断学生。她是否有权打断我们？

- 有人给了你一个隐身戒指。你现在在一个商店里，你会利用这个戒指来得到你想要的东西吗？
- 茜拉、保罗和凯文，这三个朋友一起在街上捡到了一张 50 元钞票。茜拉建议平分这些钱。保罗建议多给凯文分一些，因为他的父母不给他零花钱，不像另外两个人每周都有零花钱。凯文此时应该说什么？
- 你的父亲在商店里偷了一个东西，放在了你的背包里。一名保安在检查的时候发现了这件东西。这个保安在所有人面前指责你偷窃。你会把你父亲牵扯进来吗？
- 你一点儿都不喜欢你妈妈在公共场合亲你。但是你知道这样做会让她很高兴。那么，你会同意她在接你放学的时候亲你吗？

95. 客观与主观

概念：客观—主观—观察—判断—确认

活动指南

我们每天都会对人和事做出无数的评判。但在评判时，我们有时会客观描述，有时却非常主观，有时甚至会给出不公正的指控。问题的关键是要理解这种不公正的评判是如何产生的：我们是根据事实，还是根据先入为主的观念来评判？

以下列出了一些人们对不同人和事的评判。我们需要判断这些评判是一种客观描述，可能的推断，还是先入为主的主观判断？要对这些评判进行评估，可能需要创设一些情境或例子。

实操演练

判断下列言论是主观推断还是客观陈述？

- 艾米丽很懒。
- 艾米丽经常穿得不得体。
- 艾米丽是一个好学生。
- 艾米丽爱炫耀。
- 艾米丽干得很好。
- 31 路公交车会准时来。
- 如果里欧成绩不好，那这是他的错。
- 我摔倒是因为他推我。
- 里欧比朱利安高。
- 里欧比朱利安聪明。
- 里欧是一个比朱利安更好的朋友。
- 里欧比朱利安有钱。
- 里欧比朱利安更听话。
- 里欧应该被惩罚。
- 孩子们制造了很大的噪音。
- 老师很严厉。

96. 积极与消极

概念：消极—积极—质量—缺陷

活动指南

随着年龄的增长，我们会发现全世界的人都有自己的喜怒哀乐。而我们周围人的各种举动都会以不同的方式影响着我们。但除了从经验中感受到这一点之外，我们还可以通过分析个人的感受来判断某一行为对人的影响是如何在积极和消极之间转换的，这是很有趣且有意义的。

以下列出了一系列的态度与行为，学生需要判断它们是积极的还是消极的。而要做出正确的判断，首先需要分析这些词的含义、它们带给人的感受以及可能会有的外在行为表现，从而判断它们是积极的还是消极的，或者两者皆有（通常情况都是这样）。如果学生认为某个词既是积极的又是消极的，那么需要论证这一点。

实操演练

判断下列的态度或行为是积极的、消极的，还是兼而有之的，并论证你的判断。

- 好奇心
- 风险
- 嘲笑
- 静止
- 服从
- 安静
- 等待
- 反应
- 武力
- 发明
- 缓慢
- 玩耍
- 模拟
- 玩笑
- 忍受
- 匆忙

97. 概念区分

概念：区分—反对—下定义

活动指南

要选择一个可以精确描述现实的词，并不是一件容易的事。有时，我们必须在几个意思非常相近的词中做出选择。若想选择得精准得当，就意味着需要明晰这些词之间哪怕非常细微的差别。

以下列出了几组动词词语，每组两个动词的词义非常接近，甚至有时可以相互替换，作为同义词使用。本次练习的关键是要找出概念上的差别，以便做出实质性的区分。

实操演练

解释两个词之间的区别。

- 自私和以自我为中心
- 想法和例子
- 发现和发明
- 慷慨的和诚实的
- 刻薄的和不听话的
- 解释和争论
- 快乐和幸福
- 说谎和犯错
- 开玩笑和取乐
- 知道和思考
- 沉默和寡言
- 争论和争吵
- 爱和尊重
- 要求和需要
- 拒绝和矛盾
- 行为和移动

98. 责任

概念：责任—自由—义务—强迫—错误

活动指南

我们身上发生的每件事情，既有我们要对此负责的部分，又有无须对此负责的部分。环境、道德、心理、同情或怜悯等都是影响我们行为的因素。如果我们仔细分析某一件事，会发现我们很难对究竟是谁要对此负责任下定论。为了让此次练习更简单，本次练习的重点是学习在不同的标准下判断谁要负责任。

以下列出了日常生活中的不同场景，学生需要对其进行分析，以确定在不同场合下应担负多少责任。对于每一个场景，学生都需要描述这个人是如何负责任或不负责任的，并且判断这个人是不是要对这件事负责任。

实操演练

在下列情境中，我要为自己的行为负责吗？

- 我尖叫起来，因为他伤害了我。
- 我生气了，因为她侮辱了我父母。
- 我没吃饭，因为没有时间。
- 我没有做这个工作，因为没人告诉我。
- 我没有帮助他，因为他没吭声。
- 我离开了，因为没有人对我感兴趣。
- 我留下了，因为有人让我留下。
- 我成绩不好，因为没有人帮助我。
- 我成绩不好，因为我不擅长学习。
- 我成绩不好，因为我不喜欢学校。
- 我表现不好，因为我结交了坏朋友。
- 我选择了错误的方式，因为接受了不好的建议。
- 我不懂，因为我什么也没听见。
- 我什么也没说，因为别人吓着我了。
- 我笑了，因为我的邻居开了一个玩笑。
- 我笑了，因为其他人都笑了。

99. 字面原义与比喻意义

概念：字面原义—比喻—关联—抽象—具体

活动指南

人们有时会用隐喻或影射的形式来表达自己的想法。因此，有必要学会识别和区分隐喻当中的字面意义和比喻意义。

下面列出了许多含有字面和比喻意义双重含义的动词，这两种含义也表现出了这个词在行为层面的确切意义与心理层面的更为宽广意义上的区别。对于下面每个动词，学生需要解释其双重意义，并解释双重意义之间的关联。

实操演练

先解释下列每个动词的字面意义和比喻意义，再解释两者之间的联系。

- 赶上
- 打击
- 操作
- 吞噬
- 说话
- 拿
- 看见
- 倾听
- 感觉
- 触摸
- 品尝
- 发霉
- 按摩
- 凝视
- 失去自我
- 漫游
- 四处走动
- 说
- 品尝
- 漂浮
- 抛锚
- 挠痒

100. 符号的诠释

概念：意义—象征—符号

活动指南

事物和存在有比他们的物质表象更深的含义，即它们所具有的象征意义。有时，我们之所以提及某一事物，不是因为这一事物本身是什么，而是因为它所代表的象征意义。为了理解这一现象，我们还需要审慎分析。

以下列出了一些具有某种象征意义的事物。学生需要说出每一个事物的一个或多个象征意义，并论证自己的选择。

实操演练

如果下面的事物是某种象征，那么它们象征着什么？

- 旗
- 鹰
- 苹果
- 书
- 紧握的拳头
- 铁丝网
- 塔
- 孩子
- 山
- 天使
- 汽车
- 船
- 放大镜
- 独角兽
- 房子
- 云彩

101. 美学判断

概念：美学—美丽—丑陋—标准

活动指南

从小到大，我们总会以各种各样的形式体验到艺术与美，丰富我们的审美体验。在音乐或文学作品中，我们会感受到惊奇、感动或害怕。我们也会因为各种各样的原因，被一些“奇特”的美所吸引。

以下列出了许多美的标准。学生需要从中选出自己认为重要的美的标准，并解释原因；再选出一些他们认为不重要的甚至不相关的美的标准，并解释原因。

实操演练

在以下标准中，你认为哪些是最重要的美的标准，哪些不是？解释你的选择。

- 闪亮的
- 现实的
- 新的
- 稀有的
- 可怕的
- 奇怪的
- 令人回味的
- 以前的
- 丰富多彩的
- 素净的
- 精确的
- 自然的
- 复杂的
- 深刻的
- 有趣的
- 神似的
- 意义重大的
- 愉快的
- 和谐的
- 著名的
- 可爱的
- 活跃的
- 悲伤的
- 无限的

102. 解释命令

概念：论证—理由—辩护—相关性

活动指南

我们通过说服别人来达到我们的目的。例如，许多父母为了让孩子好好吃饭，就给孩子讲贫困地区孩子吃不上饭的故事。现在的问题是，要弄清楚这个例子是否与论点相关，或者是否是最好的理由。

以下列出了让某人吃东西的许多理由。学生需要判断每一个理由与这个论点是否相关，并论证你的判断。学生或许会通过假设一个特定情境来做出判断。如果学生愿意尝试做出一般性的判断，那么练习将更加有趣。

实操演练

这是一个让某人吃饭的好理由吗？

- 不吃饭你就得死。
- 吃吧，因为还有些孩子根本吃不饱饭。
- 因为你妈妈告诉你得吃饭。
- 因为食物里含有维生素。
- 因为食物很贵。
- 吃吧，否则你会受到惩罚。
- 吃饭是为了让你爸爸开心。
- 不吃饭我就生气了。
- 吃饭你就能长大。
- 吃饭是为了获得力量。
- 因为明天可能没有东西吃了。
- 吃点东西就有胃口了。
- 你不吃饭就不会有任何甜点吃。
- 你不吃饭就会生病的。
- 吃饭吧，因为别人都吃完了。
- 吃饭我就给你个礼物。
- 吃饭吧，因为你必须得强迫自己吃。
- 吃饭吧，都跟你说了十次了！

103. 批判分析

概念：矛盾——一致—不一致—合理

活动指南

如果学生找到了书本中或一段话里的不合理之处，这便是学生在运用批判分析的能力。这并不是说完全不同意文本本身，而是审视文本的荒谬性和不合理性。

以下列出了多个命题，每个命题都存在一个潜在的问题：自相矛盾、同义重复、无关论据等。学生需要找出其中存在的问题并解释原因。

实操演练

下列句子存在什么问题？

- 我是一个骗子。
- 我爬上楼。
- 你必须做这件事，因为事实如此。
- 我不是唯一说谎的人，别人也说谎了。
- 我不介意，但要看情况。
- 我去那因为我想去那。
- 我不会说出我的想法。
- 评判是不好的。
- 你必须做这件事，因为这件事一直有人做。
- 你不能指责我，你也做了愚蠢的事情。
- 像每个人所做的那样去做。
- 是的，我做了我的家庭作业，做了一点。
- 我做了，我试过了。
- 这是他的错：他让我做的。
- 你绝不能像别人那样做。
- 她一定犯错了，她总是这样。
- 我是对的，因为你也无法证明我是错的。
- 如果你不做作业，你以后就不会有工作。
- 我说了我所说的话。
- 我认为二加二得四。

104. 信念与真理

概念：信念—真理—思考—推理—意见

活动指南

对信念和真理的思考引发了知识的普遍性问题，因为我们所学习的知识往往是权威或专家所认同的。

以下列出了一些常见的言论，学生需要判断这句话是信念还是客观真理，并进行论证。也可以为这句话设定一个会改变原本判断的情境。

实操演练

下面所说的话是一种客观真理还是一种信念？

- 二加二等于四。
- 地球是圆的。
- 我终有一天会死。
- 为了生活必须工作。
- 教师必须要学习。
- 巴黎是法国的首都。
- 我是我父母的儿子。
- 明天星期二，我要去上学。
- 我存在于这个世界上。
- 我的地理书上说的是事实。
- 我被人爱着。
- 明天是星期三。
- 我爸爸是善良的。
- 里昂是法国的首都。
- 星期一我要去上学。
- 我们都是人类。

105. 发现问题

概念：爱—问题—麻烦

活动指南

概念所指涉的对象不仅仅是某个问题、某种存在或某种现象，也可以指涉那些处理、回答问题的词语。因此，问题化一个概念的目的在于回到这个词的起源，找到这个词本身演化的方向和动力。

以下列出了一些与爱有关的词语。学生需要针对每个词提出三个可以将这个词作为答案的问题。本次练习的目的在于问题化“爱”的内涵、扩大“爱”这个词的外延。

实操演练

下列是一些与“爱”有关的词汇。对于每一个词，尽量提出三个以该词作为答案的问题。

- 爱
- 友谊
- 分享
- 争论
- 悲伤
- 婚姻
- 生孩子
- 情绪
- 嫉妒
- 快乐
- 慷慨
- 宽恕
- 恼怒
- 感受
- 激情
- 幸福

以“爱”为答案的问题实例：

- 是什么感觉让人们团结在一起？
- 是什么使我们有时为自己考虑得少，为别人考虑得多？
- 是什么使我们不再乞求更多的宽恕？
- 那句谚语怎么说的？什么使我们盲目？

106. 动物：论证

概念：动物—人类—自然—比较

活动指南

动物与我们的日常生活息息相关，但我们很多关于动物的言论都是有问题的。例如，孩子们会判断某种动物是“好的”或“坏的”，却没有意识到使用这种拟人化设定的限制条件。

以下列出了一些与动物有关的言论。学生在阅读每个句子之后，需要分别找到一到两个支持和反对的证据。如果学生认为这个任务太难的话，那么可以两两一组合作讨论。最后，学生可以总结一下他们在动物问题上最重要的观点。

实操演练

为每一句话找到一到两个支持和反对的证据。

- 动物就像人。
- 人类是他们宠物的主人。
- 有些动物是有害的。
- 老虎是凶残的。
- 动物会思考。
- 动物有感情。
- 狗是人类最好的伙伴。
- 有些动物比其他一些动物更有价值。
- 动物的存在是为人服务。
- 人是一种动物。
- 动物不会说谎。
- 人可以像爱人一样爱动物。
- 我们可以理解动物。
- 动物可以理解我们。
- 动物有灵魂。
- 动物有权利。

107. 学会明辨是非

概念：好—坏—判断—理性—感觉—权威

活动指南

我们经常说这样好或者这样不好。但是我们怎么知道什么是好、什么是坏呢？我们是根据什么来判定事物的好坏呢？

以下列出了许多判断事物好坏的理由和方法。学生可以依照自己的想法将下列理由排序，并解释自己的选择。这个顺序可以根据自己的熟悉程度、相信程度或任何标准来确定，但学生需要说出自己排序的标准。这个练习可以锻炼学生判断是非的能力。

实操演练

将下列判断好坏的方法从最重要到最不重要排序，说明你排序的标准，并解释你的选择和理由。

- 我们知道这件事的后果。
- 我们喜欢。
- 我们从心底里了解这件事。
- 我们在脑中思考过。
- 每个人都知道这件事。
- 我们问了父母。
- 我们问了博学的人。
- 我们问了负责人。
- 我们读了专业书籍。
- 我们读了法律条文。
- 我们等着长大。
- 我们与朋友讨论过这件事。
- 我们读了各种各样的书。
- 我们无法真正了解。
- 这不是很重要。
- 这取决于实际情况。
- 我们问了有关的人。
- 我们不知道我们如何知道的。

108. 关于笑与幽默的格言

概念：笑—幽默—格言

活动指南

我们经常听到或者说出各种主题的格言和引言，这是因为这些话对我们很有用，或者这些话会引发我们的思考。这些话语让我们更有智慧，却无须让我们一直认同。

在本次练习中，我们会审视一些关于笑和幽默的格言或引语，看看大家是否同意这些话。本次练习的重点并不是我们是否同意，而是论证自己的判断。

实操演练

在下列格言或引语中，分别找出五个你同意和不同意的句子，并解释原因。

- 只有人类会笑。
- 笑让我们忘记悲伤。
- 想要笑，先得经历哭。
- 与他人分享快乐，自己躲起来哭。
- 睡眠和笑声是世界上最好的良药。
- 过分的笑会给心脏增加压力并且有失体面。
- 我们可以对任何事发笑，但不能嘲笑他人。
- 笑是一件严肃的事，不是闹着玩的。
- 笑到最后，才能笑得最好。
- 听从那些让你哭的人的建议，而不是让你笑的人的。
- 爱你的人会让你哭，讨厌你的人会让你笑。

- 周末笑得开心的人，到周一就该哭了。
- 想要变得风趣幽默，首先得不把自己当回事。
- 喜剧演员就像野兽一样，事事都要靠自己。
- 生活已经太过严肃，因此我们不要再严肃地谈论它。
- 嘲笑别人的人也一定害怕被别人嘲笑。
- 如果我们一天都没有笑，那么这一天就浪费了。
- 生活总是有喜有悲。
- 对付虚荣的唯一方法就是笑，而唯一值得被取笑的错误就是虚荣。
- 人生困难太多，因此不得不让自己笑一笑。
- 傻笑显出无知。
- 不开心却依然在强颜欢笑的人，伤感和眼泪在等着他。
- 愚者开怀大笑，智者笑而不语。
- 我慌忙笑了起来，因为怕哭出声。

109. 诠释：主观

概念：普遍—特殊—客观—主观

活动指南

我们通常是从自己的角度来谈论与思考的，这一点很正常也很重要。但是我们也可以从一个更客观的角度或者他人的角度来看待和思考事物。无论如何，学习如何从多角度思考问题对我们都是有好处的。

以下有一个从第三人称的视角讲述的简短故事。学生需要从不同的角度重新讲述这个故事，从而重新思考这些事件。

实操演练

认真阅读下面这个小故事，然后根据要求从不同的角度重新讲述这个故事。

彼得去商店想要买一块蓝色的奶酪。他仔细地找了一遍货架，但是并没有找到，所以他只能选择另一种奶酪。这时，商店的一名员工从彼得身边经过，彼得便问他是否知道在哪里能找到蓝色的奶酪。那名员工没有停下来，也没有看彼得，回答说他不负责这块儿。彼得喊道："谢谢你的帮助！"这位员工转过身来回答说："不客气。"彼得被激怒了，把手里的奶酪扔回到架子上。在路过收银台时，彼得告诉收银员他再也不会来这个商店买东西了。

从以下视角重新讲述这个故事。

- 事发当时的彼得。
- 半小时后，家中的彼得。
- 一年后的彼得。
- 那个员工。
- 收银员。
- 商店里的摄像头。
- 那块奶酪。
- 现场的另一位顾客。
- 竞争商店派去的间谍。
- 在现场的彼得的母亲。
- 奶酪货架前的一瓶牛奶。
- 看到这一幕的正在观察人类的外星人。
- 看到现场事发的商店经理。
- 一位看到事发现场的心理学家。
- 一个看到事发现场的聪明人。

110. 下定义

概念：本质—本质的—功能—定义

活动指南

想要定义某个事物就要先认清其本质，同时也要搞清楚它的用处、使用方法以及受众等。问题是，我们对某一事物本质的判断并不是绝对正确的、完全确定的，它们多大程度上适用于一般的情况，仍然有待考量。所以，我们有必要知道，我们所认为的某一事物的本质究竟是必然的，还是仅仅是一种可能性。

以下列出一些关于存在或事物本质的命题。学生需要表达自己是否同意，并说明理由：既可以通过论证来表明自己是否同意，也可以通过解释来说明这个命题是真是假。

实操演练

下列命题是真还是假？论证你的判断。

- 战斗是人类的本性。
- 有用是物品的本性。
- 让儿童快乐是游戏的本质。
- 产奶是奶牛的本性。
- 吃肉是老虎的本性。
- 取悦眼睛是雕塑的本质。
- 繁殖是人类的本质。
- 存在在字典里是一个词的本质。
- 装满墨水是笔的本质。
- 伞就是要被打开和收起来的。
- 流动是河的本质。
- 思考是人类的本性。
- 死亡是生命的本质。
- 冬天的本质是寒冷的季节。
- 包含信息是一本书的本质。
- 学习是学生的天性。
- 成为食物是糖果的本质。
- 成长是自然的本性。
- 存在是全宇宙的本性。
- 地球的本质是人类的避难所。

111. 富人与穷人：谚语与警句

概念：富有—贫穷—比较—比喻—诠释

活动指南

贫富问题是社会关注的最重要的话题之一，因为贫富差距是不公正和不平等的一个主要表现。出于这个原因，很多谚语和警句都与贫富有关，而且人们会或多或少地认同。

学生需要在下列句子中，分别找出五句同意的和不同意的话，并解释原因。强烈建议学生在论证自己的选择之前先解释这句话，因为下列有的句子使用了比喻的修辞手法。

实操演练

选出五个你同意的句子以及五个你不同意或想要批评的句子。先解释你所选的句子，再论证你的选择。

- 富人着眼于未来，穷人只顾眼前。
- 穷人猜测富人的生活，富人不明白贫穷的滋味。
- 富人消磨时间，而时间消磨穷人。
- 富人钱多，穷人孩子多。
- 法律是为富人制定的，惩罚的是穷人。
- 穷人的骄傲就像牛的马鞍一样。
- 每次借钱给朋友，都会伤害他们的感情。
- 有钱才有说话的权利。
- 有朋友，你就是富有的。
- 宁可做富人的奴隶，也不要做穷人的儿子。
- 不要与比你有钱的人来往。

- 一个爬进希望之车的人，常有贫穷相伴。
- 财富与贫穷是观念的问题：如果你不相信财富，也就不会拥有财富。
- 真正的财富是不需要任何东西。
- 不依赖财富的人才能享受财富。
- 博学的人总是富有的。
- 面对幸福时，财富就像烟的影子。
- 财富只由科学和健康构成。
- 只有穷人才分享。
- 在这个世界上，一个人的真正财富可以根据他所做的好事来衡量。
- 真正的富人都低调。
- 我们的财富是由记忆组成的。
- 这个世界真正的财富是我们的下一代。

附录

III/ PHILOSOPHICAL EXERCISES

EASY

1 — HUMANS AND ANIMALS

Concepts: similar — different — humans — animals

2 — WHO DECIDES?

Concepts: voluntary — involuntary — conscious — unconscious

3 — TO INVENT AND TO DISCOVER

Concepts: invention — discovering

4 — GOOD AND BAD

Concepts: good — bad

5 — SIMILAR AND DIFFERENT

Concepts: similar — different

6 — ANALOGIES

Concepts: symbol — analogy — metaphor — image

7 — HUMAN BEINGS

Concepts: same — other — human — function

8 — AUTONOMY AND DEPENDENCY

Concepts: freedom — autonomy — dependency

9 — TO STEAL

Concepts: robbery — right — property — forbidden

10 — TO EXPRESS HIS BEING

Concepts: self — identity — expression

11 — OBEDIENCE

Concepts: obedience — obligation — to choose — judgment

12 — TO CONCEPTUALIZE

Concepts: unity — multiplicity — concept

13 — TO QUARREL

Concepts: reasons — legitimate — unjustifiable

14 — ANIMAL SYMBOLS

Concepts: symbol — analogy — metaphor

15 — MEANING OF LIFE

Concepts: existence — values — choice

16 — REASONS FOR ACTION

Concepts: arguments — reasons for action — motivation

17 — AT SCHOOL

Concepts: subject — to learn — obligation — interest — utility — competencies

18 — TO EXEMPLIFY FEELINGS

Concepts: feelings — to feel

19 — THE SOCIAL OBLIGATIONS

Concepts: society — obligation — rule — ethics

20 — VISIONS OF THE WORLD

Concepts: philosophy — existence — world

21 — TO EVALUATE THE QUESTIONS

Concepts: question — answer — purpose

22 — TO BELIEVE

Concepts: to believe — to doubt — to prove — to accept — validity

23 — IDEAL OF LIFE

Concepts: choice — value — existence — purpose — hierarchy

24 — TO GROW UP

Concepts: to grow up — problem — polysemy

25 — MOTIVE AND MOTIVATION

Concepts: example — idea — motive — motivation — purpose

26 — TO EXPRESS FEELINGS

Concepts: feelings — to express — to feel — to explain

27 — MISTAKE

Concepts: mistake — reason

28 — TO PROBLEMATIZE IMPERATIVES

Concepts: obligation — exception — objection — to obey — to disobey

29 — CONCEPTUAL DISTINCTIONS

Concepts: concepts — distinction — opposition

30 — CATEGORIES

Concepts: concept — category

31 — TO LAUGH AND NOT TO LAUGH

Concepts: judgment — condition — limit — to laugh

32 — CATEGORIES

Concepts: category — concept — domain — object — to be

INTERMEDIATE

33 — RESPONSIBILITY

Concepts: responsible — victim — fair — unfair

34 — WHAT IS IT?

Concepts: definition — utility — identity

35 — PROVERBS

Concepts: moral — proverb

36 — IDENTITY

Concepts: identity — permanence — change

37 — TO LIKE

Concepts: to like — love — friendship

38 — VALUES

Concepts: quality — defect — hierarchy

39 — SHAME

Concepts: shame — conscience

40 — TO BE AND TO BECOME

Concepts: change — permanence — to be — to become

41 — CHILDREN AND ADULTS

Concepts: to compare — child — adult

42 — SELFISHNESS

Concepts: selfishness — autonomy — dependency

43 — TO CHEAT

Concepts: purpose — reason — justification

44 — REASON AND FEELINGS

Concepts: feeling — reason — opposition

45 — FEAR

Concepts: fear — confidence — feeling — reason

46 — TO PROBLEMATIZE

Concepts: criticism — universal — problem — objection

47 — TO INTERPRET

Concepts: reformulation — connotation — intention

48 — GIFT

Concepts: gift — exchange — ethic — other — intention

49 — WILL

Concepts: to want — desire — refusal — hypothesis — reason

50 — TO DEFINE

Concepts: concept — definition — possible — general — impossible

51 — DEFECTS

Concepts: good — bad — to justify — to decide

52 — FAIR AND UNFAIR

Concepts: fair — unfair — reason — explanation

53 — EQUALITY AND INEQUALITY

Concepts: equality — inequality

54 — VIOLENCE

Concepts: violence — to fight — legitimate — motivation — reason

55 — THE DEATH

Concepts: life — death — sense — subjective

56 — TO NOT TELL EVERYTHING

Concepts: subjective — objective — to know — to reveal — censure

57 — ANTONYMS: ADJECTIVES

Concepts: concept — antonym — contrary — antinomy — to define

58 — WRONG AND RIGHT

Concepts: right — wrong — circumstances — purpose — contradictory

59 — LOVE'S OBSTACLES

Concept: good — bad — feeling — reason — passion

60 — POLITICAL VALUES

Concepts: concept — ideal — value — society — state

61 — FEELINGS

Concepts: feelings — to qualify — concept

62 — INTENTION

Concepts: reason — intention — justification — foundation — to interpret

63 — HAPPINESS AND UNHAPPINESS

Concepts: happiness — unhappiness — moral — good — bad

64 — CHARACTERS

Concepts: abstract — concrete — representation — particular — universal

65 — THE REASONS FOR LYING

Concepts: lie — truth — pertinence — purpose

66 — POLYSEMY

Concepts: polysemy — evidence — literal — figurative

67 — ANIMALS: MORAL DILEMMAS

Concepts: animals — humans — moral — judgment

68 — TRANSVALUATION

Concepts: good — bad — to interpret — sense

69 — INTERPRETATION: AMBIGUITY

Concepts: to interpret — ambiguity — positive — negative

70 — ANTONYMS

Concepts: antonym — contrary — difference — criteria

71 — THE NATURE OF HUMANS

Concepts: nature — natural — humans — essential — secondary

72 — RESPECT

Concepts: respect — judgment — responsible

73 — RESPECT: CONCEPTUAL DISTINCTIONS

Concepts: difference — concept — respect

DIFFICULT

74 — PURPOSE AND MEANS

Concepts: purpose — means — cause

75 — TO INTERPRET METAPHORS

Concepts: image — metaphor

76 — TO BELIEVE OR NOT BELIEVE

Concepts: to believe — to doubt — to know — to guess

77 — TO EVALUATE ARGUMENTS

Concept: argument

78 — POSSIBLE AND IMPOSSIBLE

Concepts: possible — impossible — certain — probable

79 — TO GROW UP

Concepts: to grow up — proof — polysemy — synonyms

80 — BEING AND APPEARANCE

Concepts: being — appearance — true — false — doubt

81 — LOGIC

Concepts: logic — proof

82 — TO IDENTIFY INTENTIONS

CONCEPTS: CAUSE — ORIGINE — EXPLICATION — ASSUMPTION

83 — REALITY

Concepts: real — appearance — to be — true — false — imaginary

84 — TO SYMBOLIZE

Concepts: symbols — image — metaphor

85 — CATEGORICAL ASSERTIONS

Concepts: universal — singular — necessary — exception — problem

86 — TO CREATE MEANING

Concepts: argument — reason — link — meaning

87 — TO BELIEVE AND TO KNOW

Concepts: to believe — to know — synonyms

88 — EXISTENTIAL DILEMMA

Concepts: judgment — dilemma — existential — implications — consequences

89 — MORAL JUDGMENT

Concepts: moral judgment — responsibility — obligation — freedom

90 — SYLLOGISM

Concepts: logic — deduction — syllogism — validity

91 — WHY DO WE LOVE?

Concepts: to love — other — contradiction

92 — MORALS

Concepts: moral — philosophy

93 — LOGICAL ANALYSIS

Concepts: logic — deduction — criticism — reasoning — exception — general — certain — probable — possible

94 — MORAL DILEMMAS

Concepts: good — bad — fair — unfair — moral — ethical

95 — OBJECTIVE AND SUBJECTIVE

Concepts: objective — subjective — observation — judgment — ascertainment

96 — POSITIVE AND NEGATIVE

Concepts: negative — positive — quality — defect

主编推荐阅读书目

《小哲学家的大问题：和孩子一起做哲学》 [瑞士] Eva Zoller Morf 著
《教儿童学会思考》 [英] 罗伯特 · 费舍尔 著
《孩子是个哲学家：重新发现孩子，重新发现自己》 [意] 皮耶罗 · 费鲁奇 著
“马修斯儿童哲学三部曲”《哲学与幼童》《童年哲学》《与儿童对话》 [美] 加雷斯 · B · 马修斯 著
《儿童精神哲学》 刘晓东 著
《儿童文化与儿童教育》 刘晓东 著
《解放儿童》 刘晓东 著
《儿童教育哲学》 刘晓东 著
《儿童哲学的理论与实践》 潘小慧 著
《儿童哲学导论》 高振宇 著

著作权合同登记号桂图登字:20－2017－213 号

图书在版编目(CIP)数据

111 个儿童哲学思考练习 / (法) 伊莎贝尔·米隆,(法) 奥斯卡·柏尼菲著;杨落娃译. —桂林: 广西师范大学出版社, 2020.9
(儿童哲学经典译丛)
书名原文: Notebook of philosophical exercises: 111 exercises to practice thinking
ISBN 978－7－5598－2837－8

Ⅰ. ①1… Ⅱ. ①伊… ②奥… ③杨… Ⅲ. ①儿童教育－教育哲学 Ⅳ. ①G61－02

中国版本图书馆 CIP 数据核字(2020)第 091361 号

111 个儿童哲学思考练习
111 GE ERTONG ZHEXUE SIKAO LIANXI

出 品 人: 刘广汉
责任编辑: 刘美文
项目编辑: 王 璇
装帧设计: 朱俊彪

广西师范大学出版社出版发行
(广西桂林市五里店路 9 号 邮政编码: 541004
网址: http://www.bbtpress.com)
出版人: 黄轩庄
全国新华书店经销
销售热线: 021－65200318 021－31260822－898
上海盛通时代印刷有限公司印刷
(上海市金山工业区广业路 568 号 邮政编码: 201500)
开本: 720mm × 1 000mm 1/16
印张: 11.75 字数: 193 千字
2020 年 9 月第 1 版 2020 年 9 月第 1 次印刷
定价: 45.00 元